«I GRILLI»

Dello stesso autore

La dieta Dukan
(anche in ebook)
Le ricette della dieta Dukan
(anche in ebook)
La dieta Dukan: i 100 alimenti a volontà
La pasticceria Dukan

Pierre Dukan
Fotografie di Bernard Radvaner
Progetto grafico di Anne-Sophie Lhomme

La dieta DUKAN illustrata

Sperling & Kupfer

Traduzione di Paola Reverso
La méthode Dukan illustrée

Finito di stampare nel gennaio 2013
presso la Mondadori Printing S.p.A.
Stabilimento di Verona
Printed in Italy

ISBN 978-88-200-5183-9
61-I-13

X EDIZIONE

Le informazioni contenute in questo libro non intendono sostituirsi al parere professionale del vostro medico curante. L'utilizzo di qualsiasi informazione qui riportata è a discrezione del lettore. L'editore si sottrae a qualunque responsabilità diretta o indiretta derivante dall'uso o dall'applicazione di qualsivoglia indicazione riportata in queste pagine. Per ogni problema specifico si raccomanda di consultare uno specialista.

La dieta DUKAN illustrata

Indice

Introduzione 4

Una dieta che ha superato la prova

La storia di questa dieta 8
I glucidi, i lipidi, i protidi 10
L'interesse per le proteine: la conferma dalla scienza 12
Il programma Dukan 14
Le 4 fasi del programma 16
La crusca d'avena 18
Gli aromi alimentari 20
Il Konjac 21
Domande – Risposte 22
In breve... la dieta Dukan in 12 punti 24

Fase 1 – L'attacco

Gli obiettivi della fase 1 28
Le regole della fase 1 30
Le proteine pure 32
Gli alimenti autorizzati in fase d'attacco 34
Che cosa mangiare nella fase 1? 40
La colazione 44
Il pranzo 46
La cena 48
Menu tipo della fase 1 (attacco) 50
La mia dieta nella vita quotidiana (fase 1) 52
Domande – Risposte 54
Bilancio della fase 1 57
La fase d'attacco in breve... 58

Fase 2 – La crociera

Gli obiettivi della fase 2 63
Le regole della fase 2 64
Il ritmo dell'alternanza 66
Che cosa mangiare nella fase 2? 68
Come preparare le verdure? 70
L'attività fisica prescritta con ricetta medica 72
Menu tipo della fase 2 (crociera) 76
La mia dieta nella vita quotidiana (fase 2) 78
Domande – Risposte 80
Bilancio della fase 2 82
La fase di crociera in breve... 84

Fase 3 – Il consolidamento

Gli obiettivi della fase 3 88
Le regole della fase 3 92
Che cosa mangiare nella fase 3? 96
Gestire bene i pasti della festa 98
Il giovedì di proteine pure 100
Menu tipo della fase 3 (consolidamento, prima parte) 102
Menu tipo della fase 3 (consolidamento, seconda parte) 104
La mia dieta nella vita quotidiana (fase 3) 106
Domande – Risposte 108
Bilancio della fase 3 110
La fase di consolidamento in breve... 112

Fase 4 – La stabilizzazione definitiva

Gli obiettivi della fase 4 116
Le 3 regole da rispettare per molto tempo... 118
Il grande futuro degli alimenti che aiutano a dimagrire 119
Il giovedì proteico 124
Che cosa mangiare nei giovedì proteici? 126
Menu tipo della fase 4 (stabilizzazione definitiva) 128
Il mio giovedì nella vita quotidiana (fase 4) 130
Domande – Risposte 132
Bilancio della fase 4 134
La fase di stabilizzazione definitiva in breve... 136
Due aiuti supplementari che cambiano tutto: la personalizzazione e il monitoraggio 138

Antipasti e stuzzichini 140

Portate principali 182

Dessert 224

Indice delle ricette 266
Bibliografia 267
Ringraziamenti 267

Introduzione

Da più di quarant'anni mi batto quotidianamente, nella mia vita di medico, contro il sovrappeso. Ho iniziato da solo, come un combattente sul campo, nel corso delle visite ambulatoriali. È stato allora, quando ero ancora agli esordi della carriera, che ho dato vita al regime delle proteine alimentari. Negli anni ho migliorato quel metodo, sulla base delle esigenze e delle risposte dei miei pazienti. Così, a poco a poco, il mio sistema si è trasformato in un programma globale che è diventato un libro, pubblicato nel 2001 in Francia, con il titolo *Je ne sais pas maigrir* (*La dieta Dukan*). Da quel giorno ho ricevuto la migliore ricompensa che si possa desiderare: oltre 8 milioni di persone hanno letto questo libro in più di venti Paesi. Non conosco la percentuale esatta di coloro che hanno seguito la dieta, e ancora meno di coloro che hanno raggiunto il loro peso ideale, che l'hanno consolidato e che soprattutto non hanno ripreso i chili persi. La sola cosa che so è che ogni mattina ricevo lettere calorose di tante persone che hanno beneficiato di questo libro e del metodo che illustra, e che per loro è di vitale importanza farlo sapere. La diffusione del mio metodo, infatti, è avvenuta solo grazie al passaparola, senza alcun aiuto pubblicitario. Oggi mi rendo conto che il mio programma non appartiene più soltanto a me, ma a tutti coloro che lo osservano e lo pubblicizzano. Di chi si tratta? Principalmente di donne organizzate e disperse nei quattro angoli del web. Oggi si contano più di 500 siti, forum e blog animati da volontari, persone anonime che vivono in diretta il tentativo di riprendere in mano il loro peso con l'aiuto del mio programma. Questo libro e questo metodo si rivolgono a coloro che tentano di perdere peso e che non sanno quale delle tante diete intraprendere: ho contato ben 210 regimi alimentari proposti a partire dal 1950, dei quali 72 sono stati pubblicati. Soltanto 15 sono coerenti, e tra questi solo i 7 elencati di seguito sono degni d'interesse:

- la dieta ipocalorica, la più antica e logica in teoria, ma anche la meno efficace in pratica;
- la dieta Atkins, rivoluzionaria, efficace, ma che spalanca le porte a grasso e colesterolo;
- la dieta Montignac, primogenita dell'Atkins, con le sue qualità ma anche con i suoi stessi difetti;

- la dieta Weight Watchers, molto innovativa grazie alle riunioni su cui si basa, ma compromessa dal suo regime ipocalorico;
- la dieta di South Beach, un buon metodo, ma che non prevede una effettiva stabilizzazione;
- la dieta delle proteine, la più venduta al mondo, la meno naturale, una vera bomba per riprendere peso in maniera massiccia e duratura;
- il metodo che propongo io.

So che rischio di apparire immodesto, ma credo sinceramente che tra tutte le diete proposte fino a oggi, la mia sia la migliore. Per la semplicità, la struttura rigorosa, l'efficacia, la velocità di partenza e il mantenimento dei risultati, per la qualità dei 100 alimenti che consente di consumare a volontà, per la facilità di applicazione e l'approccio completo che combatte su tutti i fronti il sovrappeso, mi sembra che sia attualmente il miglior metodo per dimagrire e, soprattutto, per non riprendere peso.
Il mio obiettivo è che tale metodo diventi un punto di riferimento nella lotta al sovrappeso in tutto il mondo.
Cari lettori, vi invito a giudicarne l'efficacia. In questo libro troverete il mio metodo nella sua versione integrale, inclusa l'attività fisica «prescritta» e tante ricette. Le ricette sono la parte piacevole della dieta, senza le quali la lotta al sovrappeso sarebbe fatta solo di restrizioni.
Partite con tre parole positive: «a volontà», «rapidità» e «golosità»! Convinti? Lasciatevi guidare: l'ago della vostra bilancia sta già tremando.

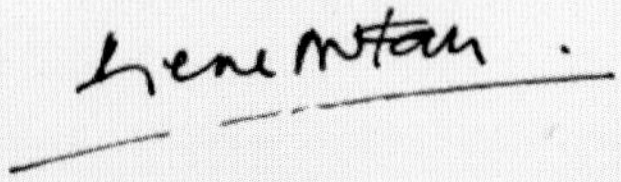

Una dieta che ha superato la prova

Qual è l'unico gruppo di alimenti che può fornire al corpo una sensazione di sazietà senza affaticarlo? Le proteine.

La storia
di questa dieta

Tutto è iniziato quando ero un giovane medico generico nel quartiere parigino di Montparnasse. Uno dei miei pazienti era obeso. Sembrava non curarsene, ma un giorno venne da me chiedendomi di farlo dimagrire. Non ero uno specialista in quel campo, gli dissi, ma lui ribatté che conosceva bene quel tipo di specialisti: aveva provato tutti i metodi in circolazione, ma senza ottenere risultati duraturi.

«Ho perso più di 300 chili dalla mia adolescenza e, come può ben vedere, li ho ripresi tutti», mi disse piuttosto scoraggiato. E aggiunse: «Seguirò alla lettera ognuna delle sue prescrizioni, farò tutto quello che mi chiederà. A eccezione di una cosa: non mi tolga la carne, perché mi piace troppo».

Fu così che l'avventura incominciò, quando gli risposi per le rime: «Bene, per 5 giorni non mangi altro che carne, e ne mangi quanta ne vuole».

La settimana successiva il paziente ritornò nel mio studio con il viso radioso: aveva perso quasi 5 chili!

Decidemmo di comune accordo di proseguire l'esperimento. Gli raccomandai di bere a volontà e di fare gli esami del sangue, perché ero preoccupato per il suo colesterolo. Una settimana più tardi aveva perso altri 2 chili e gli esami erano perfetti.

È per questo motivo che decisi di orientarmi in maniera più precisa sulle proteine in un programma di dimagrimento. Dopo 20 giorni di dieta il mio paziente aveva perso quasi 10 chili, ma cominciava a stancarsi del suo piatto preferito, e così inserimmo le verdure nel suo menu, oltre ai latticini, alle uova e al pesce. Continuavo a non dare restrizioni sulla quantità dell'alimento da consumare e il paziente, ben lieto di tale libertà, si sottometteva di buon grado alle mie prescrizioni: consumare solo proteine e qualche verdura.

Da allora, come scoprirete nel corso del libro, il metodo è stato perfezionato tenendo conto delle reazioni dei miei pazienti, e si è arricchito di ricette semplici e pratiche, ma la base resta la stessa: è con le proteine che è possibile dimagrire rapidamente, in modo duraturo e senza limiti in termini di quantità.

Con l'avvento di Internet ho integrato la mia esperienza con quella dei

miei pazienti... Coloro che navigano sul mio sito mi rendono partecipe delle loro esperienze, le mie astuzie si uniscono alle loro, alle mie ricette se ne aggiungono altre, meno professionali ma altrettanto creative, e soprattutto le donne esprimono nei forum le loro opinioni. Lavoriamo insieme perseguendo un obiettivo comune: dimagrire senza rinunciare al piacere di mangiare.

Tutte le persone che hanno partecipato ai vari forum nati spontaneamente hanno dato il loro contributo. Non sono quindi il solo inventore di questa dieta: i miei pazienti ne sono i creatori permanenti.

Il libro che avete in mano, dunque, è il frutto di lunghi anni d'esperienza, di test, di miglioramenti dei quali oggi potete beneficiare. Se, come il mio primo paziente, seguirete alla lettera le indicazioni, è impossibile che non dimagriate rapidamente. Non vi serve un equipaggiamento complesso, vi basterà una bilancia. Nessun conto delle calorie, nessun alimento da pesare, nessuna tabella con calcoli complicati da fare. La lettura delle diverse fasi è semplice, poiché avete solo due o tre regole da memorizzare. Per il resto, nel rispetto di uno schema elementare, potete consumare tutto senza limiti.

Prima di entrare nel vivo del metodo, è necessario fare un rapido riepilogo dei diversi gruppi di alimenti, per evitare che commettiate errori nella scelta degli ingredienti.

I glucidi, i lipidi, i protidi

Gli alimenti che consumiamo sono composti da 3 tipi di nutrienti: glucidi, lipidi e protidi. Il loro valore calorico è diverso, ma oggi sappiamo che è importante non considerare un alimento unicamente per il suo apporto calorico: per esempio, 100 calorie di una torta al cioccolato, di un pesce o di una salsa vinaigrette non sono trattate nello stesso modo dal nostro organismo. Il profitto finale di queste calorie varia molto a seconda della loro origine. Perciò è importante conoscere bene i nutrienti, per scegliere nel modo migliore nel quadro della dieta che stiamo per intraprendere insieme.

I glucidi

Con il termine glucidi ci si riferisce agli zuccheri lenti e agli zuccheri rapidi. Gli zuccheri rapidi sono quelli che si trovano negli alimenti dal sapore dolce: caramelle, pasticcini, vino, miele, frutta... tutti sanno che sono nemici delle diete. Gli zuccheri lenti compongono il pane e la pasta integrale, ma anche i legumi secchi come le lenticchie e i fagioli. Sono chiamati «lenti» perché il corpo li assimila in maniera più dolce rispetto a quelli rapidi, ma poco dopo la loro assunzione provocano un elevato senso di fame. Sul piano metabolico questi ultimi favoriscono la secrezione di insulina dando così luogo a produzione e accumulo di grassi. I glucidi forniscono solo 4 calorie per grammo, ma se ne consumano di solito quantità importanti per raggiungere il senso di sazietà. Il piano della nostra dieta esclude il consumo di glucidi fino all'ottenimento del peso desiderato (a eccezione di quelli presenti nelle verdure, nella crusca d'avena e nei latticini). Saranno reintegrati sotto forma di pane e cibi amidacei nella fase di consolidamento (fase 3). Potrete consumarne di nuovo in totale libertà, 6 giorni su 7, nella fase di stabilizzazione (fase 4).

I lipidi

Sono ben conosciuti da chiunque segua una dieta, perché si tratta del nemico numero uno della linea. Con le loro 9 calorie per grammo, sono anche comunemente chiamati «grassi». Sono praticamente esclusi dal nostro programma, a eccezione di quelli contenuti nella carne e nei pesci concessi. I grassi possono essere di origine animale: gli insaccati ne contengono parecchi, le carni di pecora e di agnello ne sono ricche. Alcuni volatili e alcuni pesci sono altrettanto grassi: anatra, oca, salmone, tonno... Ma i lipidi dei pesci considerati grassi sono benefici per la salute, in particolar modo per il cuore, visto il loro importante tenore di omega 3. Resta inteso che il burro e la panna contengono più dell'80% di lipidi e sono da evitare categoricamente. I lipidi vegetali come l'olio extravergine d'oliva, anche se svolgono un ruolo importante per la salute (poiché ricchi in omega 3 e ottimi per il buon funzionamento del sistema cardiaco), saranno comunque aboliti dalla vostra dieta, almeno nella fase d'attacco, eccetto che per 1 cucchiaino d'olio per la vinaigrette.

I protidi

I protidi (o proteine) sono i soli, fra i 3 nutrienti, a non essere prodotti naturalmente dall'organismo, che se ne serve per la costruzione (crescita), il mantenimento e la riparazione cellulare: il rinnovo della pelle, delle unghie, dei capelli, dei tessuti muscolari, dei globuli del sangue... Intervengono anche nel funzionamento del sistema immunitario. Sono formati da catene di 20 differenti amminoacidi.

Esistono proteine di origine animale e proteine di origine vegetale. Gli alimenti più ricchi di proteine provengono dal regno animale: la carne è molto ricca di protidi. Alcuni alimenti estremamente proteici sono praticamente privi di grassi e particolarmente interessanti per il nostro quadro dietetico: si tratta per esempio dei pezzi magri del manzo, del tacchino, di alcune frattaglie, dei pesci bianchi, dei gamberetti, del granchio, del tofu e dell'albume, che fornisce l'apporto maggiore di proteine, è privo di colesterolo (concentrato invece nel tuorlo) e con cui è possibile creare un'infinità di ricette saporite e appaganti.

I cereali e i legumi contengono anch'essi proteine, ma sono troppo ricchi di glucidi. È per questo motivo che inizialmente non li consideriamo nel nostro programma. Durante la fase d'attacco i vostri menu saranno composti solo e unicamente da proteine.

Le proteine, un alimento vitale

Non è pericoloso consumare solo proteine durante una dieta: le proteine sono anzi l'unico gruppo di nutrienti che il vostro corpo non è in grado di sintetizzare da solo. Troverà glucidi e lipidi attingendo alle sue riserve, ma non sarà in grado di produrre le proteine: è per questo motivo che una dieta che ne è priva può rivelarsi pericolosa. In caso di carenza proteica, il corpo troverà proteine necessarie alla sua sopravvivenza nei muscoli, nella pelle e anche nelle ossa. Una dieta deve fornire ogni giorno almeno 1 grammo di protidi per chilogrammo di peso, e i protidi devono essere ripartiti ugualmente nei 3 pasti.

L'interesse per le proteine: la conferma dalla scienza

Le proteine pure riducono l'appetito

Non sono facilmente digeribili dall'organismo e rappresentano dei potenti spezzafame. Infatti, un consumo importante di proteine pure provoca la secrezione dei corpi chetonici, che prolungano il senso di sazietà. Dopo 3 giorni di dieta a base di proteine pure, l'appetito scomparirà completamente e sarà facile resistere alla tentazione degli spuntini fuori pasto: la fame compulsiva non sarà più una minaccia per voi.

Le proteine pure riducono l'apporto calorico

Per l'essere umano la proporzione ideale dei nutrienti (grazie ai quali si potrà ricavare il maggior numero di calorie necessarie alla sua sopravvivenza) è la seguente: 5 parti di glucidi, 3 parti di lipidi e 2 parti di proteine. Quando la composizione del bolo alimentare rispetta queste proporzioni, l'assimilazione dei nutrienti è l'ideale per l'organismo, in quanto avviene nell'intestino tenue con la massima efficacia. Quando si invertono le proporzioni, si disturba l'assorbimento delle calorie nell'organismo: questo aspetto è molto importante per chi è alle prese con una dieta. L'alimentazione limitata a uno solo dei 3 nutrienti provoca automaticamente un cattivo assorbimento delle calorie. Ma un'alimentazione esclusivamente basata su glucidi e lipidi non è consigliabile, perché a lungo andare metterebbe in serio pericolo la vostra salute: aumento del colesterolo, comparsa del diabete, problemi cardiovascolari. L'alimentazione basata esclusivamente su proteine pure è la sola che non presenta rischi per il vostro organismo. Proponendo all'apparato digestivo dei pasti proteici, quest'ultimo fa fatica ad «approfittare» completamente del contenuto calorico degli alimenti. L'organismo tenta allora di attingere solo le proteine indispensabili al funzionamento degli organi e utilizza poco le altre calorie fornite.

Bruciate calorie digerendo proteine!

La digestione delle proteine è molto lunga. Sapevate che servono più di 3 ore per digerire e assimilare un pasto ricco di proteine? Ma non è tutto: per estrarre le calorie dalle proteine l'organismo deve fare un grande sforzo. Si è calcolato che per utilizzare 100 calorie bisogna spenderne 30. Il semplice fatto di digerire riduce l'apporto calorico di un pasto ricco di proteine.

Le proteine pure vi aiutano nella lotta contro la ritenzione idrica

I programmi dietetici a base di verdura, frutta, legumi e sali minerali favoriscono la ritenzione idrica. Il regime che scoprirete, basato sulle proteine, è invece idrofugo, poiché facilita l'eliminazione degli acidi urici, cosa particolarmente interessante per chi è in menopausa o semplicemente in periodo premestruale. Il nostro programma è quindi molto indicata per la donna che tende a trattenere liquidi nei tessuti. Alcune mie pazienti che non avevano avuto problemi di sovrappeso prima della menopausa, si sono poi ritrovate con caviglie gonfie, gambe pesanti e ventre teso. I brevi regimi dietetici a cui erano ricorse in passato (come mangiare più leggero dopo una settimana di bagordi) si rivelavano ora inefficaci. La fase d'attacco del nostro metodo composta esclusivamente da proteine ha fatto miracoli su di loro.

Le proteine sono efficaci contro la cellulite

I risultati della dieta proteica Dukan sulla cellulite sono sorprendenti. Tali benefici si spiegano con la capacità idrofuga delle proteine e l'intenso lavoro di filtraggio da parte dei reni. L'acqua penetra nei tessuti e ne fuoriesce carica di scorie. In questo modo la cellulite si riduce. Ecco perché è indispensabile bere molto durante la dieta.

Bevete molta acqua per eliminare le scorie

Il corpo può utilizzare soltanto una parte delle proteine assunte. Solo il 50% circa sono assimilabili, il resto viene eliminato sotto forma di scorie attraverso l'urina e può provocare un aumento dell'acido urico. Per evitare questo piccolo disturbo è necessario bere sufficientemente durante la dieta (circa 2 litri d'acqua al giorno). I nostri studi dimostrano che con un'idratazione sufficiente, il consumo di proteine non presenta particolari rischi. Il binomio proteine + acqua assicura molti benefici nella lotta contro la cellulite!

Il programma Dukan

Com'è organizzato il programma Dukan?

Inizialmente questo programma si chiamava «Protal», che è la contrazione di due parole: «proteine alternate». Infatti questa dieta era composta da una coppia di regimi che funzionava come un motore a due tempi: un periodo a base di proteine pure, cioè la fase d'attacco, seguito da un periodo basato sul consumo di proteine associate a verdure, poiché al corpo serve una fase di recupero per accettare la perdita di peso. I miei lettori mi hanno poi fatto l'onore di associare il mio nome a questo programma, che ormai è conosciuto, appunto, come il programma Dukan.
In seguito, grazie all'esperienza fatta sul campo con i miei pazienti, mi sono accorto che il programma, così come era nato, non era sufficiente. Infatti, una volta perso peso e raggiunto l'obiettivo, i miei pazienti tendevano a rilassarsi completamente e a riprendere velocemente i chili persi. Per questo motivo oggi il programma Dukan si integra in un piano di dimagrimento più ampio, composto da 4 tappe che non si possono dissociare le une dalle altre. Se è vero che non è possibile recuperare peso quando queste fasi sono rispettate e seguite alla lettera, è altrettanto certo che saltando le ultime 2 fasi, di consolidamento e stabilizzazione, si riprenderà peso.
In compenso, il programma offre nel suo insieme dei vantaggi sicuri e ha un'influenza benefica sulla vostra motivazione, che resterà ben salda per 4 motivi:

- Il programma Dukan vi fornisce una lista di compiti ben precisi, basta rispettarli per riuscire.
- Il programma Dukan è completamente naturale. Tra le diete naturali è quella che dà maggiori risultati.
- Il programma Dukan non è frustrante, poiché i 100 alimenti concessi possono essere consumati senza restrizione sulla quantità.
- Non è possibile seguire il programma Dukan solo a metà: o lo si accetta nella sua totalità o si lascia perdere!

Le 4 grandi fasi del programma Dukan

- **Fase 1: la fase d'attacco con le proteine pure**

Questa fase è composta esclusivamente da alimenti proteici. È molto breve: l'inizio è fulminante e la perdita di peso molto rapida e motivante.

- **Fase 2: la fase di crociera: proteine + verdure**

Dopo la fase d'attacco, in cui siete entrati in guerra con il vostro peso, segue un periodo «di crociera», nel quale seguirete un'alimentazione a base di proteine alternate. I vostri pasti saranno composti da verdure e proteine. Raggiungerete così il peso che vi siete prefissati: il vostro Giusto Peso.

- **Fase 3: la fase di consolidamento**

Una volta ottenuto il peso desiderato, è importante evitare il fenomeno del rimbalzo: dopo ogni perdita di peso così rapida il corpo tende a riprendere facilmente i chili persi. Si tratta di un periodo molto delicato e la dieta non è ancora terminata. Bisognerà restare in fase di consolidamento 10 giorni per ogni chilo perso.

- **Fase 4: la fase di stabilizzazione definitiva**

Il periodo di stabilizzazione definitiva è altrettanto cruciale, poiché decisivo per la riuscita della dieta. Dovrete portare avanti 3 misure semplici ed essenziali per tutta la vita, in particolar modo il giovedì proteico, 1 giorno sentinella che ha la funzione di compensare gli altri 6 giorni della settimana. Questa costrizione è la sola possibilità che avete per evitare di riprendere peso.

Come potete constatare, il mio programma vi seguirà fedelmente per non abbandonarvi mai.

Il Giusto Peso è un peso personale

Per determinare il vostro Giusto Peso, vi occorre il parere di uno specialista che tenga conto di tutti i parametri che intervengono nella determinazione del peso da raggiungere.
Per questo motivo, bisogna considerare congiuntamente il peso massimo raggiunto nella propria vita (che lascia delle «tracce» nel metabolismo), il peso minimo, quello medio mantenuto più a lungo e il peso a cui vorreste arrivare. Bisogna tenere conto anche del sesso e dell'età: ogni decade dopo i 18 anni aumenta il vostro Giusto Peso di 1 chilo se siete una donna e di 1,2 chili se siete un uomo. E anche la vostra ossatura può aggiungere o sottrarre 1 chilo, a seconda che sia grossa o sottile. Infine, è necessario considerare il numero delle diete precedentemente seguite e interrotte e la predisposizione famigliare al sovrappeso. Ogni sovrappeso è un caso unico. Per fissarlo e calcolarlo con precisione, andate sul sito www.dietadukan.it o www.pierredukan.com: troverete il questionario gratuito composto da 11 domande, riempitelo e conoscerete immediatamente il vostro Giusto Peso.

Le 4 fasi del programma

FASE 1
L'attacco con le proteine pure (PP)

Questo periodo è il più motivante, perché vedrete scendere l'ago della bilancia a una velocità vertiginosa, un po' come se digiunaste. La fase d'attacco è una vera macchina da guerra. In questa fase consumerete le proteine pure eliminando al massimo tutti gli altri nutrienti. In realtà non è possibile eliminare completamente glucidi e lipidi dalla vostra alimentazione: infatti, a parte l'albume, non esiste un alimento composto esclusivamente da proteine. Questo regime raggruppa dunque un certo numero di alimenti la cui composizione è la più vicina possibile alla purezza delle proteine, come per esempio alcuni tipi di carne, pesce, frutti di mare, pollame, uova, latticini a ridotto contenuto di grassi.

Durata: questo periodo può durare da 1 a 7 giorni, a seconda del peso da perdere.

FASE 2
La crociera con le proteine alternate o proteine + verdure (PV)

Questa seconda fase è indissociabile dalla prima, poiché tutte e due funzionano insieme. Dovrete alternare un periodo di proteine + verdure fresche con un periodo di proteine pure. Sia la prima sia la seconda fase assicurano totale libertà sulle quantità. Entrambe, infatti, permettono di consumare gli alimenti autorizzati a volontà e a qualunque ora.

Il risultato finale dipende dal ritmo con cui alternate queste 2 fasi: tale ritmo dipende a sua volta dal peso che dovete perdere, dalla vostra età, ma anche dalla vostra motivazione.

Durata: questa fase di crociera deve essere portata avanti senza interruzioni fino al raggiungimento del vostro Giusto Peso.

FASE 3
Il consolidamento del peso ottenuto

La missione essenziale di questa fase è di riportare il vostro organismo a un'alimentazione variata e di stabilizzarvi. Giunti a questo punto potrete dunque mangiare in maniera più varia, ma occorre evitare l'effetto rimbalzo e il rischio di riprendere peso. Il vostro organismo opporrà resistenza, soprattutto se la perdita di peso che avete conquistato è importante. Tenterà di reagire al saccheggio delle sue riserve e cercherà di stoccarne altre: per fare questo ridurrà al minimo il consumo di energie e assimilerà il più possibile dagli alimenti consumati. Un pasto abbondante, che avrebbe fatto poca differenza prima dell'inizio della dieta, avrà conseguenze importanti nel corso di questa fase. È per tale ragione che le quantità di alimenti più calorici vengono qui limitate, per raggiungere senza pericolo il ritorno al metabolismo normale e la fine dell'effetto rimbalzo, che è una delle principali cause di fallimento delle diete dimagranti.

Durata: è legata all'importanza del peso perso e si calcola molto semplicemente: 10 giorni di consolidamento per ogni chilo perso.

FASE 4
La stabilizzazione definitiva

Come abbiamo visto, le persone che hanno conosciuto il sovrappeso sanno bene che dopo una dieta non è possibile acquisire l'equilibrio e la misura alimentare che molti nutrizionisti ritengono indispensabile come garanzia di mantenimento del nuovo peso.

Per questo motivo è importante inquadrare le persone che arrivano alla fase di consolidamento tenendo conto della loro personalità di «grassi». La quarta fase del programma Dukan impone una giornata alla settimana di proteine pure (normalmente il giovedì).

Durata: più a lungo possibile, ancora meglio se per il resto della vostra vita. Le misure indicate nella fase 4 vi permetteranno di mangiare come tutte le altre persone senza riprendere peso.

Una dieta ricca d'acqua

Poiché le proteine, una volta digerite, fanno passare nell'organismo le scorie sotto forma di acido urico, è importante bere almeno 1,5 litri d'acqua al giorno per eliminarle. Inoltre, l'acqua migliora l'efficacia della dieta: dimagrire significa bruciare calorie, ma significa anche eliminare i prodotti di scarto derivati dai processi metabolici cellulari. Infatti, come avviene in qualunque tipo di combustione, l'energia bruciata nel corso di una dieta produce scorie. Quindi, non bere a sufficienza può frenare la vostra perdita di peso, ma anche intossicare il vostro organismo.

Una dieta povera di sale

La dieta Dukan è idrofuga: elimina l'acqua e lotta efficacemente contro la ritenzione idrica. Un'alimentazione troppo salata trattiene l'acqua nei tessuti: non dimenticate che 1 litro d'acqua pesa 1 chilo e che 9 grammi di sale hanno la capacità di trattenere 1 litro d'acqua nei tessuti!

La crusca d'avena

La dieta Dukan si appoggia anche su un alimento faro: la crusca d'avena, che a mio parere è l'alimento che più di ogni altro protegge la salute.

La crusca d'avena migliora in maniera dolce il transito intestinale

Esistono in natura due tipi di fibre: le fibre solubili (presenti nella pectina della mela o nella crusca d'avena) e le fibre insolubili. Le fibre insolubili, come quelle della crusca di grano, possono provocare irritazioni della mucosa intestinale, soprattutto nelle persone che soffrono di coliti ricorrenti. Le fibre solubili sono al contrario molto più dolci: si trasformano in una specie di gel e facilitano il transito intestinale portando con loro anche una piccola parte dei grassi e dei carboidrati dell'alimento consumato. Se assunta quotidianamente, la crusca d'avena vi aiuta a mantenere la linea: i piccoli ruscelli creano grandi fiumi. Per coloro che sono particolarmente sensibili è possibile assumere la crusca facendola sciogliere nel latte e consumandola lentamente.

La crusca d'avena sazia

La crusca d'avena si gonfia a contatto con l'acqua e aumenta di 20-30 volte il suo volume nello stomaco. Così avrete la pancia piena a lungo.

La crusca d'avena è dimagrante

La crusca d'avena ha lo straordinario potere di sottrarre calorie nell'intestino tenue e portarle con sé nelle feci. Questa dispersione calorica è minima ma, se viene reiterata ogni giorno, a lungo termine finisce per diventare significativa. Inoltre la crusca d'avena ottimizza in maniera dolce il transito intestinale, che è spesso rallentato durante una dieta.

La crusca d'avena riduce il tasso di colesterolo

Numerosi studi hanno già dimostrato l'importanza delle fibre in rapporto al tasso di colesterolo, e la crusca d'avena è di gran lunga quella che ha il miglior impatto sul valore ematico del colesterolo. Associata a un'alimentazione equilibrata, riduce il tasso di colesterolo in maniera significativa. Il suo consumo è raccomandato nella prevenzione delle malattie cardiovascolari.

Dove si acquista la crusca d'avena?

La trovate nelle erboristerie, nei negozi che trattano prodotti bio e sul sito www.lamiaboutiquedietadukan.it. Scegliete quella pura, senza il germe. La crusca d'avena ha un prezzo abbordabile, specie rispetto ad altri prodotti destinati ai programmi dietetici.
La crusca d'avena è venduta in sacchetti per la preparazione di gallette, porridge, pane...
Da un po' di tempo esistono in commercio prodotti preparati con crusca d'avena come unico cereale: biscotti, barrette e pepite di crusca d'avena per la prima colazione. Scegliete crusca d'avena bio e, se possibile, con indice M2bis-B6.

Come utilizzare la crusca d'avena in funzione delle diverse fasi?

Fase d'attacco
1 cucchiaio e mezzo al giorno
Fase di crociera
2 cucchiai al giorno
Fase di consolidamento
2 cucchiai e mezzo al giorno
Fase di stabilizzazione definitiva
3 cucchiai al giorno

La crusca d'avena protegge dal diabete

Rallentando la velocità di assorbimento degli zuccheri rapidi, riduce la secrezione d'insulina e, di conseguenza, il lavoro del pancreas.

La crusca d'avena protegge dal cancro al colon

Se l'assunzione è quotidiana, e associata a una buona idratazione, la crusca d'avena protegge le pareti dell'intestino. Il nostro intestino è un filtro e questo filtro può intasarsi: inquinamento, alimentazione non equilibrata, pesticidi e intolleranze alimentari possono irritare le sue pareti. La crusca d'avena funge da spugna nell'intestino: se consumata quotidianamente assorbe e pulisce.

Non tutta la crusca d'avena è uguale

Esistono 2 tipi di crusca d'avena:

- *la crusca a uso culinario*, utilizzata per preparare dolci, porridge, crêpe (o gallette), pane ai cereali...
- *la crusca nutrizionale*, alimento salubre e dimagrante, le cui virtù medicinali sono dovute a una particolare lavorazione nelle fasi di macinazione e setacciatura di questo cereale. La macinazione corrisponde all'intensità con la quale la crusca viene macinata, responsabile delle dimensioni della singola particella di crusca d'avena. La setacciatura è il lavoro di separazione della crusca dalla farina di avena. Una macinazione troppo fine distrugge le fibre e ne annulla i benefici. Del resto, una macinazione grossolana fa perdere viscosità alle fibre. Lo stesso vale per la setacciatura: se è insufficiente non permette di estrapolare totalmente la farina, molto dolce, dell'avena. I miei lavori personali sulla dispersione calorica legata alla crusca di avena, correlati a quelli di ingegneri agronomi finlandesi, hanno mostrato che la macinazione ottimale è quella che produce delle particelle di taglia media (+), ossia la M2bis. Per quanto riguarda la setacciatura, la fase migliore è quella al sesto passaggio (B6), che assicura un contenuto ottimale di glucidi a rapido assorbimento. L'associazione di questi due indici dà luogo all'indice globale M2bis-B6, che garantisce le proprietà medicinali della crusca.

Si possono consumare più dosi di crusca d'avena al giorno?

Nel periodo strettamente dimagrante, fase d'attacco e fase di crociera, l'ideale è non superare i 2 cucchiai da minestra al giorno. 1 cucchiaio da minestra al giorno non è soltanto autorizzato, ma consigliato. 2 cucchiai aumentano leggermente l'effetto e facilitano il transito intestinale. 3 cucchiai migliorano ancora la sua azione, ma iniziano ad avere un impatto calorico importante. A partire dalla fase di stabilizzazione (fase 4), potete passare a questa dose quotidiana.

E la crusca di grano?

La crusca di grano, contrariamente a quella d'avena, è composta da fibre insolubili, che non hanno alcuna proprietà dimagrante, ma che possono rivelarsi preziose in caso di stipsi, e la cui consistenza conferisce densità ad alcune ricette. In caso di intestino pigro, potete aggiungere 1 cucchiaio di crusca di grano alla vostra dose quotidiana di crusca d'avena.

Gli aromi alimentari

Gli aromi alimentari rappresentano un concetto innovativo e di grande interesse nella lotta contro il sovrappeso. Ho studiato a lungo questo aspetto, perché è legato alla sopravvivenza delle specie. Tutti gli animali del mondo, compreso l'uomo, se non è un esperto di nutrizione, fanno affidamento ai messaggi sensoriali inviati dagli alimenti per riconoscerli e nutrirsi adattando lo sforzo necessario alla loro raccolta o cattura in relazione all'attrattiva o alla repulsione che tali alimenti suscitano in loro. Tra questi messaggi sensoriali, gli odori e i sapori sono fondamentali: non si vedrà mai un gatto consumare qualcosa senza averlo prima annusato e assaggiato. Di norma, nell'evoluzione delle specie, gli odori e i sapori più attraenti sono associati agli alimenti più utili alla sopravvivenza dell'animale ai quali sono destinati. Per esempio, il sapore degli alimenti zuccherini e grassi è estremamente gradevole, proprio perché sono i più energetici. Oggi, la scoperta e la produzione degli aromi isolati permette di godere del sapore e del profumo di un alimento, ma senza introdurre le calorie che quell'alimento possiede.
È facile comprendere quindi come l'utilizzo di questi aromi alimentari faciliti la perdita di peso. Questi nuovi strumenti danno la possibilità, nella mia dieta, di associare alla libertà della quantità la libertà dei sapori. Purtroppo, questi aromi non sono ancora largamente diffusi sul mercato e per ora sono reperibili solo su Internet e in alcune farmacie.
Ecco alcuni degli aromi più originali e utilizzati: Cioccolato fondente, Mandorla amara, Banana, Burro fuso, Caffè moka, Caramello, Ribes, Amarena, Limone, Caprino, Clementina, Crème Brûlée, Acquavite Cognac, Fiori di arancio, Fragola, Lampone, Frutto della passione, Marron glacé, Menta piperita, Miele, Nocciola, Noce, Noce di cocco, Torrone, Oliva, Arancia, Panpepato, Pistacchio, Pera, Rum bianco, Meringa al limone, Vaniglia Bourbon, Violetta, Arachide... Tutti aromi con cui cucinare con gusto e creatività!

Il Konjac

Si tratta ancora una volta di un alimento preso in prestito dall'alimentazione giapponese, quella del popolo le cui donne dividono, insieme con le francesi, il primato della magrezza e della longevità.

Il Konjac è la radice di una pianta, l'equivalente di un'enorme barbabietola, ed è utilizzato in Giappone da migliaia di anni. Il suo interesse risiede nella fibra che lo compone, il glucomannano, e per questo motivo ha, così come la pectina di mela e i betaglucani della farina integrale di avena, un grande avvenire. Le sue fibre assorbono fino a 100 volte il loro peso in acqua, formando un gel vischioso che riempie lo stomaco e che intrappola i grassi e gli zuccheri. Ma la vera magia del Konjac è che è praticamente privo di calorie. Inoltre è estremamente saziante: è questo il motivo per cui questo formidabile alimento ha subito riscosso il mio interesse.

Il Konjac è venduto in forme differenti (blocchi, vermicelli, polvere…), ma la pasta di Konjac o gli Shirataki (vermicelli) sono a mio parere, per noi europei, il modo migliore di consumarlo. Questa pasta, totalmente priva di calorie, si prepara esattamente allo stesso modo dei vermicelli di riso o degli spaghetti di grano.

Gli Shirataki hanno una piacevole consistenza in bocca, ma non hanno un gusto particolare. Però si impregnano della salsa o della preparazione che li accompagna.

L'abbinamento più frequente degli Shirataki nella dieta Dukan è con il ragù alla bolognese: preparato con carne magra macinata e una salsa di pomodoro fatta in casa o comperata, ma senza zucchero e senza olio.

Domande – Risposte

Devo farmi seguire da un medico durante la dieta Dukan?

→ Dimagrire è una decisione seria ed è opportuno parlarne al vostro medico curante, perché vi conosce e perché vi fidate di lui. Vi dirà se avete realmente bisogno di mettervi a dieta e vi sottoporrà a semplici analisi del sangue per tre ragioni:

1) per sapere se non avete un'insufficienza tiroidea. In questo caso, potreste seguire qualsiasi dieta ma non avreste alcuna speranza di dimagrire;
2) per sapere se soffrite di una malattia renale seria. In tal caso sarà necessario ridurre l'apporto di proteine e aumentare quello di verdure;
3) per verificare se soffrite di dislipidemia (eccesso di colesterolo o di trigliceridi), diabete iniziale o conclamato, e per il piacere di veder migliorare le analisi grazie alla dieta.

Posso utilizzare le polveri e le barrette proteiche?

È impossibile per 2 ragioni:

→ La maggior parte delle barrette in commercio sono ricche di glucidi e il loro contenuto in proteine è troppo basso in rapporto a quello consigliato in questo programma. Quando non potete cucinare, optate per alimenti facili da mangiare come l'arrosto di pollo, il tacchino o il surimi. Potete anche riempire il frigorifero di formaggio fresco magro e yogurt allo 0% di grassi. Da un po' di tempo, inoltre, esistono barrette compatibili con la dieta Dukan, senza zuccheri aggiunti né grassi, ed esclusivamente a base di crusca d'avena.

→ Le proteine in polvere, da sole, non sono concesse in questo programma, in quanto non si tratta di alimenti, ma di prodotti di sintesi il cui uso è contro natura se intendete consumarle come sostitutivi dei pasti. È invece possibile utilizzarle per arricchire il tenore proteico dei piatti o dei dessert.

Come conciliare dieta e colesterolo?

→ È sufficiente fare particolare attenzione alle uova. Se non avete livelli di colesterolo preoccupanti, potete consumare 1 uovo intero al giorno. Se il valore è piuttosto elevato, utilizzate solo l'albume per cucinare. In questo caso preparate le vostre crêpe (o gallette) di crusca d'avena (*vedi* ricetta a p. 44) con solo l'albume. Altrimenti utilizzate tutto l'albume che volete e riducete i tuorli a 4 a settimana.

Ho la tendenza a saltare i pasti: accelero i risultati facendo così?

→ Al contrario: non bisogna mai saltare i pasti. Se per esempio avete saltato il pranzo, avrete fame nel pomeriggio e vi butterete su una barretta di cioccolato. Oppure immaginiamo che siate riusciti a trattenervi fino a cena. Mangerete di più e sceglierete alimenti più gratificanti come prodotti da forno, pane, alimenti ricchi di grassi... E il vostro corpo vi penalizzerà approfittando di ciò che gli date. Mangiando a ogni pasto, l'organismo si procura dagli alimenti un quantitativo calorico ragionevole. Immaginiamo che se ne procuri un 70-75%. Se avete saltato il pranzo, non solo mangerete di più, ma il vostro corpo ne approfitterà per il 95%. Così perderete su tutti i fronti.

In breve... la dieta Dukan in 12 punti

❶ Efficacia

Non conosco nessuno che, avendola seguita con motivazione e fiducia, non sia dimagrito, non abbia ottenuto il peso ideale, non l'abbia consolidato e stabilizzato.

❷ Velocità d'azione

La sua partenza in fase d'attacco è fulminante e adatta a mantenere la giusta motivazione.

❸ Semplicità

100 alimenti, 72 proteine e 28 verdure.

❹ Niente fame

I 100 alimenti vengono assunti «a volontà».

❺ Una struttura forte basata su 4 fasi

Un inquadramento preciso e forte sul quale appoggiarsi, una «mappa stradale» non negoziabile cui è difficile trasgredire.

❻ Il Giusto Peso di ognuno

Questo concetto permette a ogni persona in sovrappeso che cerca di dimagrire di calcolare il suo Giusto Peso. Un peso «raggiungibile e che si possa mantenere».

❼ Metodo naturale

I 100 alimenti della mia dieta sono fondamentalmente naturali, sia quelli da consumare così come si presentano in natura, sia quelli che devono essere cucinati.

❽ Contratto di stabilizzazione

Tre semplici accorgimenti, concreti e da portare avanti per tutta la vita.

❾ Programma didattico

Dimagrire imparando a valutare in maniera istintiva l'importanza degli alimenti che vengono introdotti nel nostro organismo.

❿ Concetto di APPSO

«Attività fisica prescritta con ricetta medica» (*Activité Physique Prescrite Sur Ordonnance*), un metodo completamente nuovo di prescrivere il secondo motore nella lotta al sovrappeso.

⓫ Personalizzare la dieta

Un programma di dimagrimento ha maggiori possibilità di riuscita se viene personalizzato. Con Internet è ora possibile (*vedi* p. 138).

⓬ Prolungamento continuo del metodo e coaching online

La continuità, giorno dopo giorno, chilo dopo chilo, la si può trovare in Rete. Il metodo diventa interattivo grazie al dialogo relativo alle consegne del mattino e il resoconto da parte dell'utente la sera (*vedi* p. 139).

Fase 1: **l'attacco**

La fase delle proteine pure è folgorante. Seguendola, sarete alla guida di un bulldozer che distrugge tutte le resistenze al suo passaggio. Salite a bordo!

Gli obiettivi della fase 1

Una sola regola da seguire: ciò che è autorizzato si può consumare a volontà

Nelle pagine che seguono troverete una lista degli alimenti autorizzati (*vedi* pp. 40-41). Potete consumarli a volontà; gli altri, per il momento, dimenticateli.

Dovrete bere almeno 1,5 litri d'acqua al giorno. Bevendo di più avrete la sensazione di essere «occupati» e sazi più velocemente. Urinerete molto, poiché non avendo l'abitudine di bere così tanto i vostri reni saranno obbligati a lavorare di più e a eliminare i liquidi. Sentirete una gran leggerezza: il vostro viso si affinerà, i vostri anelli scivoleranno sulle dita sgonfie!

La rotta dei primi tre giorni

Il regime d'attacco gioca sull'effetto sorpresa: il corpo deve adattarsi a una nuova alimentazione.

- **Il primo giorno di questo regime d'attacco**

È un giorno di adattamento e di lotta. Lascia la porta aperta a numerose categorie di alimenti conosciuti e gustosi, ma la chiude a molti altri alimenti che eravate soliti consumare. Per iniziare il vostro programma scegliete un giorno in cui potrete essere liberi di alimentarvi come vi sembra meglio: l'inizio del week end potrebbe essere l'ideale, ma sta a voi la scelta, secondo il ritmo della vostra settimana. La sensazione di restrizione sarà più forte nei primi 3 giorni. Per riuscire a superarli e cambiare rotta, riempite il frigorifero con gli alimenti concessi. Potrete così approfittare pienamente delle possibilità di questa dieta, che per la prima volta permette di mangiare senza limiti alimenti ricchi e preziosi, come la carne di manzo o di vitello, il pollo, il pesce, incluso il salmone affumicato, il tonno in scatola, il merluzzo affumicato, il surimi, le ostriche, gli scampi, le uova strapazzate, l'ampia gamma di latticini magri, il prosciutto sgrassato, senza dimenticare il latte scremato: di scelta ne avete parecchia! Il primo giorno mangiate di più. Sostituite la varietà dei cibi che mancano con la quantità.

- **Il secondo giorno**

Durante i primi 2 giorni può farsi sentire una leggera fatica con una ridotta resistenza agli sforzi prolungati. Il vostro corpo è stato «colto di sorpresa» durante la fase d'attacco e brucia calorie senza opporre resistenza. Non è dunque il momento di imporgli sforzi intensi. Evitate quindi, in questo periodo, un'attività fisica troppo impegnativa e gli sport estremi.

- **A partire dal terzo giorno**

La fatica cessa e lascia il posto a una sensazione di euforia e di dinamismo che rafforza ulteriormente i messaggi incoraggianti che vi annuncia la bilancia. La fame sparisce. Questa sorprendente sensazione è legata alla liberazione dei famosi corpi chetonici, i più potenti spezzafame naturali. Può essere dovuta anche a una stanchezza che riguarda coloro che non amano la carne e il pesce: la monotonia gioca un ruolo molto forte sull'appetito. Dopo questi primi 3 giorni la fame compulsiva e le voglie di cibi dolci spariscono.

Una perdita di peso decisiva

Un effettivo scatto psicologico e la sorpresa metabolica di questa fase d'attacco vi permettono di smaltire velocemente e in modo corretto il massimo peso che il vostro corpo può perdere in questo breve periodo di restrizione calorica. Voi stessi ne rimarrete sorpresi.

Combattere la stipsi

La stipsi è dovuta al fatto che gli alimenti proteici contengono poche fibre. Acquistate la crusca d'avena e mettetela nello yogurt. Potete anche assumere alla fine del pasto principale 1 cucchiaio da minestra di olio di vaselina (o paraffina), venduto in farmacia. E, soprattutto, bevete quanto previsto, poiché se è noto che l'acqua è un ottimo diuretico, ha anche il merito di idratare e ammorbidire le feci, migliorare la peristalsi e facilitare il transito intestinale.

La sensazione di bocca secca

Alito pesante e sensazione di bocca secca sono sintomi specifici di tutte le diete dimagranti e saranno un po' più accentuati in questa fase. Significa che state dimagrendo e dovete accogliere con soddisfazione questi messaggi che confermano il vostro successo. Bevete di più per attenuarli e, se volete, masticate un chewing-gum senza zucchero.

3 pasti al giorno

Anche se il principio del metodo si basa sulla possibilità di consumare senza limiti gli alimenti della lista indicata, è comunque importante mantenere un ritmo di alimentazione normale, composto da 3 pasti. Innanzitutto, se saltate un pasto, il vostro organismo si «vendicherà» in occasione di quello successivo: rischierete di cadere su alimenti che non sono autorizzati e il vostro corpo, che per definizione non ama le frustrazioni, immagazzinerà molto di più gli alimenti che gli proporrete.

Pesatevi!

Pesatevi spesso durante la fase d'attacco: servirà a risollevarvi il morale. Di ora in ora constaterete che l'ago della bilancia pende verso sinistra. La bilancia è vostra amica, vi incoraggerà nella fase d'attacco e vi aiuterà a restare vigili durante le fasi di consolidamento e stabilizzazione.

Le regole della fase 1

Quanto tempo?

La fase d'attacco sarà composta da proteine pure. La durata di questa tappa varia a seconda dell'età, del peso che dovete perdere, del numero di diete che avete già affrontato in precedenza. Eccovi qualche dritta per aiutarvi a fissare i vostri obiettivi e a mantenerli.

- **Per una perdita di peso inferiore ai 5 chili**

Bisogna evitare una partenza troppo rapida: una giornata sola può essere sufficiente. Questa prima giornata, detta di apertura, avrà un effetto di rottura che sorprende l'organismo e permette una perdita di peso sorprendente e sufficientemente incoraggiante per intraprendere la dieta.

- **Per una perdita di peso inferiore ai 10 chili**

Vi propongo di aprire con una fase d'attacco di 3 giorni che vi permetterà di passare senza fatica alla fase delle proteine alternate.

- **Per una perdita di peso da 10 a 20 chili**

La durata della fase d'attacco è di 5 giorni, che è il periodo di tempo che permette di raggiungere i migliori risultati senza sviluppare una resistenza metabolica, e allo stesso tempo non scoraggia chi lo pratica. È la durata più diffusa per chi intraprende il programma.

- **Per una perdita di peso superiore ai 20 chili**

Per le obesità più importanti, quando la perdita deve superare i 20 chili, è possibile portare a 7 giorni la fase delle proteine pure. Potete seguire questa consegna (dopo aver consultato il vostro medico) se vi siete già sottoposti ad altre diete. Il vostro organismo rischia infatti di essere recalcitrante. In questo caso è assolutamente imperativo bere almeno 1,5 litri d'acqua al giorno.

Come mantenere la rotta?

- Leggete e rileggete attentamente l'elenco degli alimenti autorizzati, createvi una lista di quelli che amate di più e fate affidamento solo su questa lista. Seguite le regole che si possono così riassumere: carni magre, pesce e frutti di mare, pollame, prosciutto light, tofu, uova, latticini magri e acqua.
- Mangiate tutte le volte che lo desiderate: il metodo autorizza la quantità, approfittatene!
- Non saltate mai i pasti, sarebbe un grave errore: mangereste di più al pasto successivo o, peggio, rischiereste di buttarvi su alimenti vietati. E il vostro corpo vi farà pagare questa restrizione supplementare.
- Bevete molto e ogni volta che mangiate; per smaltire bene dovete bere tassativamente almeno 1,5 litri d'acqua al giorno. L'acqua vi aiuterà anche a sentirvi sazi.
- Riempite il frigorifero! Se le proteine mancheranno e avrete fame, vi butterete su alimenti vietati. Fate regolarmente la spesa per evitare di pentirvene.

Quali saranno i momenti difficili?

I primi 3 giorni possono rappresentare una fase delicata, poiché il vostro corpo deve abituarsi a questo nuovo modo di alimentarsi.

La fame, però, si attenua dopo i primi 3 giorni e il problema della stipsi che può insorgere si risolve rapidamente grazie all'assunzione della crusca d'avena.

È nel corso dei primi 3 giorni che il desiderio di alimenti dolci sarà più forte. Tenete duro, 3 giorni non sono la fine del mondo. Se riuscirete a mantenere la rotta, la fame, così come la voglia compulsiva di dolci, svanirà proseguendo con il programma.

Le proteine pure

Di che cosa si tratta?

Tra tutti gli alimenti che consumiamo, soltanto l'albume è composto da proteine pure. Tuttavia esiste un certo numero di alimenti che si avvicinano alla perfezione che cerchiamo, ed è per questo motivo che li troverete nella lista degli alimenti autorizzati nel corso della fase 1, perché estremamente ricchi di proteine pure:

- la carne di cavallo (a eccezione del petto);
- la carne di manzo (a eccezione della lombata, della costata e di tutti i tagli da brasato e bollito);
- il vitello;
- il pollame (a eccezione dell'anatra e dell'oca);
- il pesce;
- i crostacei e i molluschi;
- le uova;
- i latticini magri (formaggio fresco magro, formaggio spalmabile allo 0,2% di grassi, fiocchi di latte allo 0-5% di grassi, yogurt allo 0% di grassi senza zucchero);
- il tofu («formaggio» di soia) e il seitan (alimento proteico ricavato dal glutine del grano tenero).

La regola del tutto o niente

L'efficacia di questa fase è completamente legata alla selezione degli alimenti: la riuscita sarà strepitosa se l'alimentazione verrà limitata all'assunzione degli alimenti indicati. Ma attenzione: se non rispetterete alla lettera questa indicazione, i risultati della vostra dieta saranno rallentati, bloccati o addirittura annullati. Non bisogna concedersi alcun extra: se un piccolo quadretto di cioccolato dopo una grigliata di carne vi sembra insignificante, per il vostro organismo cambia tutto: il principio della dieta si basa sul fatto che il vostro corpo deve digerire solo le proteine. Se introducete gli zuccheri o i lipidi nella vostra giornata, il digiuno proteico sarà un fallimento. È impossibile seguire questo metodo a metà. Il programma Dukan risponde alla legge del tutto o niente: la sua efficacia metabolica è in gioco se decidete di metterlo in pratica solo parzialmente. Se invece rispettate a fondo questa sola regola, allora la dieta spingerà il vostro corpo a:

- bruciare le calorie necessarie per digerire le proteine;
- digerire più lentamente gli alimenti proteici;
- attingere molto velocemente alle sue riserve senza danneggiare né la vostra muscolatura né il vostro scheletro;
- eliminare la cellulite;
- combattere l'edema e la ritenzione idrica;
- ridurre l'appetito.

Coraggio, questa tappa non è lunga: tenete duro!

Un metodo ideale contro la ritenzione idrica

Potete ricorrere alla fase delle proteine pure in qualsiasi momento della vostra vita in cui vi accorgete che i chili aumentano a poco a poco. 2 o 3 giorni di proteine pure possono rimettere il vostro corpo sulla retta via. Questo consiglio è rivolto soprattutto alle donne che si sentono «gonfie» alla fine del ciclo o a quelle che verso i 50 anni vedono il loro corpo trasformarsi, anche se non cambiano abitudini alimentari. In effetti, per la donna il fenomeno dell'aumento di peso è più complesso di quanto non sia per l'uomo, ed è sovente associato alla ritenzione idrica. Qualche giorno di proteine pure vi permette di sgonfiarvi: questa fase del programma contrasta infatti in modo efficace le gambe pesanti, le dita gonfie… Oltre a quello che dirà la bilancia, ritroverete davvero la linea persa e la vostra silhouette si trasformerà. In seguito, e durante tutto il corso della vostra vita, dopo aver seguito la dieta potrete beneficiare degli effetti positivi della fase 1 grazie ai giovedì di sole proteine, previsti a partire dalla fase di consolidamento.

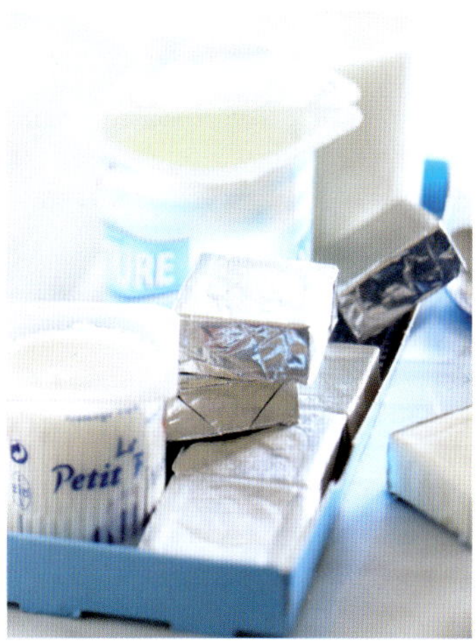

L'aumento di peso in menopausa

È noto che la menopausa è un periodo molto delicato nella vita di una donna anche per quanto riguarda il peso, ma non bisogna incrociare le braccia. L'importante è cominciare a prendere provvedimenti appena iniziate a ingrassare. In questo caso 1 giovedì di sole proteine a settimana o 2 giorni consecutivi ogni 15 possono essere sufficienti a mantenere il vostro peso ideale. Negli altri giorni evitate di bere troppa acqua e limitate il consumo di sale per contrastare la ritenzione idrica. A questo scopo scartate tutti i piatti pronti industriali, che apportano da soli il 90% del sale che consumiamo!

Camminate!

Camminate per 20 minuti al giorno. Non è solo un consiglio, è un contratto stipulato con me che dovete rispettare.

Gli alimenti autorizzati in fase d'attacco

Tenete sempre sottomano o nel frigorifero un'ampia scelta di alimenti che diventeranno vostri amici e alleati. Portateli con voi nei vostri spostamenti, poiché la maggior parte degli alimenti proteici necessitano di una preparazione e, contrariamente ai glucidi e ai lipidi, non si conservano altrettanto bene e non si trovano così facilmente nelle dispense o nei cassetti come i biscotti o il cioccolato. Prima di consumare un alimento, assicuratevi che compaia nella lista di pp. 40-41. Non fatevi mai mancare gli alimenti previsti dalla dieta. Per essere sicuri di non sbagliare, portate questa lista con voi la prima settimana. È semplice e si riassume in pochi punti: carni magre e frattaglie, pesce e frutti di mare, pollame, prosciutto e uova, latticini e bevande.

Le carni magre

- **Il manzo**

Sono autorizzati tutti i pezzi da cucinare arrosto o alla griglia, specialmente la bistecca, il filetto, il controfiletto, il roast-beef, i tagli più magri e pregiati.

- **La carne macinata**

Cruda, in tartare o carpaccio, da consumare senza olio. Potete preparare delle polpette amalgamandola con un uovo, spezie, capperi e cuocendole in forno. È concessa anche la carne surgelata, ma fate attenzione che il contenuto di grassi non superi il 10%: il 15% è eccessivo nella fase d'attacco.

- **Il vitello**

I pezzi consigliati sono la fesa e i tagli più magri. La costoletta di vitello è permessa solo se viene eliminato il grasso che la circonda.

- **Il cavallo**

È una carne sana e molto magra. Consumatela preferibilmente a pranzo, perché è molto tonificante.

Come preparare la carne?

La carne deve essere cucinata senza utilizzare grassi, senza burro, senza olio né panna, nemmeno nella versione «light». La cottura consigliata è alla griglia, ma può essere anche cucinata in forno, arrosto oppure al vapore. Il grado di cottura è a vostra discrezione, ma ricordatevi che mentre cuoce la carne perde progressivamente il suo grasso, avvicinandosi così all'ideale delle proteine pure, che rappresentano la base di questa prima fase. Non esitate a utilizzare le spezie per spezzare la monotonia del gusto.

- **Il coniglio**

È una carne magra che si può consumare alla piastra o cotta accompagnata con senape o formaggio fresco magro.

Le frattaglie

Potete mangiare la lingua di vitello e di agnello così come il fegato. Quest'ultimo contiene numerose vitamine, preziose durante una dieta dimagrante. Attenzione però al colesterolo: i soggetti a rischio dovranno consumarlo con moderazione.

Il pesce

Per questa famiglia di alimenti non vi è alcuna restrizione o limitazione. Tutti i tipi di pesce sono autorizzati: grassi o magri, bianchi o azzurri, freschi o surgelati o conservati al naturale (niente olio), affumicati o essiccati.

- **Tutti i pesci grassi e azzurri**

Sono tutti concessi, specialmente le sardine, lo sgombro, il tonno, il salmone…

- **Il pesce affumicato**

Il salmone affumicato, benché grasso, non è più grasso di una bistecca con un 10% di grassi. Vanno bene anche la trota affumicata, l'anguilla e il merluzzo.

- **Il pesce in scatola**

Molto utile in caso di un pasto veloce, è autorizzato purché sia al naturale come il tonno, il salmone e lo sgombro.

- **Il surimi**

Preparazione a base di pesce bianco estremamente magra. È un alimento particolarmente pratico e comodo da portare con sé.

I frutti di mare

Gamberetti grigi e rosa, granchio, conchiglie di mare, astice, scampi, ostriche, cozze e capesante possono essere consumati a volontà. Daranno un'aria di festa alla dieta.

Come preparare il pesce?

Il pesce deve essere cotto senza aggiunta di grassi. Bagnatelo con succo di limone e insaporitelo con erbe aromatiche. Potete cucinarlo a vapore o, ancora meglio, al cartoccio, per conservare i liquidi di cottura.

Il pollame

Tutti i volatili sono autorizzati, eccetto quelli a becco piatto: l'anatra e l'oca. Attenzione: non consumate la pelle.

- **Il pollo**

Tra le varie parti quella più magra è il petto, seguito dalla coscia e dall'ala.

- **Il tacchino**

In tutti i modi, come la fettina cotta in padella o la coscia arrostita in forno e ricoperta d'aglio.

Gli affettati magri

Sgrassati, privati della cotenna. Potete scegliere tra il maiale o il tacchino, poiché contengono dal 2 al 4% di grassi. Si possono portare ovunque.

Le uova

- **Le uova intere**

Si possono consumare sode, alla coque, all'occhio di bue, in omelette o strapazzate in padella, senza aggiunta di olio né burro.

- **L'albume**

Le uova sono ricche di colesterolo e il loro consumo eccessivo è sconsigliato nei soggetti che hanno valori elevati nel sangue. In tal caso si sug-

gerisce di limitarne il consumo a 3-4 tuorli a settimana, mentre l'albume, proteina pura per eccellenza, può essere utilizzato senza alcuna restrizione. Per esempio, è possibile preparare le omelette e le uova strapazzate utilizzando un tuorlo ogni due albumi.

Le proteine vegetali

Offrono una scelta supplementare per coloro che hanno un orientamento vegetariano. Le proteine vegetali concesse sono a base di soia e di grano:

- **Il tofu**

Sia quello compatto, da utilizzare negli antipasti, nelle zuppe o nei piatti principali, sia quello vellutato, ideale per le preparazioni di dessert, dolci da forno, torte salate realizzate con la crusca d'avena, e come base per salse leggere.

- **Il seitan o «carne vegetale»**

È l'equivalente del tofu, ma viene prodotto a partire dalle proteine del grano. Si può utilizzare sotto forma di spezzatini, bolliti e stufati e può essere cucinato anche come spiedino o in fricassea.

I latticini magri

- **I latticini naturali allo 0-5% di grassi**

Yogurt, formaggio magro, formaggio spalmabile (allo 0,2% di grassi), fiocchi di latte magri (allo 0-5% di grassi), ricotta magra… potete consumarli a volontà.

- **Gli yogurt allo 0% di grassi aromatizzati (vaniglia, cocco, limone...)**

Consumateli a volontà.

- **Gli yogurt magri fruttati ma non zuccherati**

Sono tollerati nella fase 1, ma sarebbe meglio evitarli. L'ideale in fase d'attacco sarebbe infatti non assumerli, ma fino a un paio possono essere tollerati.

- **Il latte scremato**

Fresco o in polvere, è concesso e può migliorare il sapore o la consistenza del tè o del caffè. Può essere utilizzato nella realizzazione di salse, creme, flan o preparazioni diverse.

Che cosa bere?

Sono concessi tutti i tipi di acqua naturale, specie quelle di sorgente leggermente diuretiche. I più anziani possono optare per quelle con un maggiore contenuto di calcio. Se preferite l'acqua frizzante, nessun problema: bolle e anidride carbonica non hanno alcuna incidenza sulla dieta. Evitate però le acque troppo ricche di sodio, e quindi non idonee a questo programma: concedetevi un bicchiere, se ci tenete, ma non di più. Potete anche bere le acque aromatizzate alla frutta senza zucchero. Avete però libero accesso alle bevande light. E non dimenticate il tè, le tisane e il caffè solubile a base di cicoria.

I dolcificanti

Lo zucchero è vietato, ma i dolcificanti sono concessi. Vediamo i più comuni.

- L'aspartame è utilizzato da oltre 20 anni da più di un miliardo di individui sul pianeta, senza che finora sia stato segnalato alcun problema. L'aspartame in polvere perde una parte del suo potere dolcificante se viene scaldato a temperature elevate.
- La Stevia cristallizzata (Stevia), impiegata per le preparazioni fredde o leggermente scaldate, è particolarmente indicata per le ricette fruttate, per via del suo leggero aroma di liquirizia.
- Gli altri dolcificanti variano da Paese a Paese. In Europa, il consumo di ciclamato, saccarina e sucralosio è concesso dalle autorità sanitarie e la scelta deve essere fatta in base all'uso: il ciclamato e la saccarina sono indicati per la preparazione di dessert freschi, il sucralosio va impiegato con cotture ad alte temperature, come quelle dei dolci da forno.

Per rispondere al principio di precauzione, si suggerisce di utilizzare una varia gamma di dolcificanti, così da evitare di eccedere con l'uso di un solo prodotto.

Le bevande

È indispensabile bere almeno 1,5 litri di liquidi al giorno nel corso della vostra dieta. Non si tratta di una semplice raccomandazione, ma di un obbligo. La quantità di liquidi non è negoziabile per 2 motivi.

- Quando l'organismo digerisce le proteine, aumenta l'urea come derivato del loro metabolismo, e si libera una grande quantità di scorie nel vostro corpo. Per eliminare queste scorie, è indispensabile bere molto.
- Durante la dieta l'organismo elimina i grassi immagazzinati. L'acqua aiuta il corpo in questo processo. Bevendo abbondantemente eseguite un drenaggio in profondità.

Il vostro dimagrimento, anche se portato avanti alla perfezione, si fermerà se non bevete a sufficienza: le scorie prodotte dalla combustione dei grassi si accumuleranno invece di essere eliminate.

I condimenti

A p. 43 troverete la lista dei condimenti che potete utilizzare.

- **Il sale**

È autorizzato, ma con moderazione, soprattutto se soffrite di ritenzione idrica. Se siete in menopausa o premenopausa, evitatelo o privilegiate i sali dietetici poco iodati.

- **L'olio**

Se alcuni tipi di olio, come quello d'oliva, hanno la meritata reputazione di favorire la circolazione arteriosa e cardiaca, non sono però concessi in questa fase delle proteine pure, eccetto che per un cucchiaino nella vinaigrette, a partire dalla fase di crociera. Anche l'olio di vaselina è tollerato per la preparazione della vinaigrette. Attenzione però a non farlo cuocere. Utilizzatelo in piccole quantità e stemperatelo con acqua frizzante, che lo alleggerirà e ridurrà il suo potere oleoso molto elevato: estremamente lubrificante, l'olio di vaselina rischia di accelerare troppo il transito intestinale.

Preparate la vinaigrette Dukan con la seguente miscela: 1 dose di olio di vaselina + 1 dose di acqua frizzante + 1 dose di senape + 1 o 2 dosi di aceto.

- **L'aceto**

È molto presente in questa dieta. Privilegiate i tipi di aceto più intensi, come quello balsamico e anche l'aceto di sherry, ma evitate quelli più convenienti: esistono aceti balsamici poco costosi che contengono caramello e zucchero.

- **Il succo di limone**

Può essere utilizzato per aromatizzare il pesce o i frutti di mare, ma non va consumato sotto forma di limone pressato o di limonata, anche se non zuccherato: si tratta infatti di un frutto, che per quanto acidulo è composto da zuccheri, e pertanto non è compatibile con la fase delle proteine pure.

- **La senape**

Deve essere consumata con moderazione durante questa fase d'attacco. Se soffrite di ritenzione idrica potete usare i grani di senape puri: sono venduti nei supermercati e sono senza sale aggiunto.

- **I cetriolini sott'aceto, le cipolline**

Sono permessi se utilizzati come condimento, ma escono dal quadro del regime delle proteine pure se le quantità utilizzate sono tali da considerarli come verdure. Attenzione a non abbassare la guardia con gli aperitivi o quando siete al ristorante...

- **Il ketchup classico**

Non è concesso perché è allo stesso tempo molto zuccherato e molto salato, ma esistono anche ketchup dietetici a basso apporto di grassi e senza zucchero che possono essere utilizzati in quantità moderate.

Gli aromi e le spezie

Timo, aglio, basilico, cipolla, scalogno, erba cipollina... così come tutte le spezie sono non solo concessi, ma caldamente consigliati. Il loro utilizzo permette di arricchire il sapore degli alimenti: vi sentirete appagati e soddisfatti dei piatti che gusterete.

Che cosa mangiare nella fase 1?

Carni

Autorizzate	Vietate
Arrosto di vitello	Agnello
Bistecca di manzo	Costata di manzo
Carne tritata (fino al 10% di grassi)	Lombata
Cavallo	Maiale
Coniglio	Petto di cavallo
Controfiletto di manzo	
Costata di vitello (senza la parte grassa)	
Fesa di vitello	
Filetto di manzo	
Roast-beef	

Frattaglie

Autorizzate	Vietate
Fegato di pollame	Lingua di manzo (parte posteriore)
Fegato di vitello	
Lingua di manzo (punta)	
Lingua di vitello (e di agnello)	
Rognone di vitello	

Affettati

Autorizzati	Vietati
Bresaola	Prosciutto affumicato
Prosciutto cotto	Prosciutto crudo
Prosciutto di pollo	
Prosciutto di tacchino	

Pesci

Autorizzati	Vietati
Branzino	Sardine sott'olio
Cefalo	Sgombro con senape
Cernia	Tonno sott'olio
Imperatore	
Merlango	
Merluzzo	
Merluzzo affumicato	
Nasello	
Orata	
Passera di mare	
Passera di mare affumicata	
Pesce spada	
Platessa	
Razza	
Rombo	
Salmone	
Salmone affumicato	
Sardina	
Sgombro	
Sogliola	
Surimi	
Tonno	
Tonno al naturale	
Triglia	

Proteine vegetali

Autorizzate	
Tofu	
Seitan	

Frutti di mare

Autorizzati

Aragosta
Astice
Calamaro
Capasanta
Conchiglia di mare
Cozza
Gamberetto grigio
Gamberetto rosa
Gambero
Granchio
Granseola
Lumaca di mare
Ostrica
Polipo
Riccio di mare
Scampo
Seppia
Vongola

Uova

Autorizzate

Uova di gallina
Uova di quaglia

Crusca d'avena e di grano

Autorizzata

1 cucchiaio e mezzo al giorno di crusca d'avena
1 cucchiaio al giorno di crusca di grano (facoltativo)

Konjac

Autorizzato

Shirataki di Konjac

Volatili

Autorizzati

Carne di struzzo
Fagiano
Faraona
Galletto
Pernice
Piccione
Pollo (senza pelle)
Quaglia
Tacchinella
Tacchino

Vietati

Anatra
Oca

Latticini

Autorizzati

Formaggio fresco a basso apporto di grassi e fiocchi di latte magri (allo 0-5% di grassi)
Formaggio spalmabile Linessa (allo 0,2% di grassi)
Latte scremato
Ricotta magra (allo 0-5% di grassi)
Latticello Mila (allo 0,8% di grassi)
Yogurt (allo 0% di grassi), naturale o aromatizzato, dolcificato con aspartame

Vietati

Formaggi classici
Latticini a base di latte intero

Che cosa mangiare nella fase 1?

I condimenti

Autorizzati		**Tollerati****	**Vietati**
Aceto	Lemongrass	Cipolla fresca in quantità moderata, solo per aromatizzare	Dado da brodo tradizionale
Agar-Agar	Maionese Dukan*	Limone in quantità moderata, solo per profumare i piatti proteici	Ketchup
Aglio	Menta	Panna light	Maionese
Alghe marine	Noce moscata	Salsa al pomodoro e pomodori in scatola (passata e pelati) in quantità moderata, solo per aromatizzare i piatti di proteine	Olio (di nocciole, oliva, girasole)
Anice stellato	Olio di vaselina	Sesamo	Olive
Aromi senza zucchero	Paprika		Zucchero
Basilico	Pepe		
Cacao magro	Peperoncino		
Cannella	Prezzemolo		
Cardamomo	Rafano		
Cerfoglio	Rosmarino		
Cetriolini sottaceto	Sale		
Chiodi di garofano	Salsa di soia		
Cipolla secca	Senape		
Coriandolo	Vaniglia (baccello o in polvere non zuccherata)		
Cumino	Vinaigrette Dukan (*vedi* p. 38)		
Curcuma	Zafferano		
Dado da brodo	Zenzero		
Dado da brodo magro			
Dragoncello			
Edulcoranti			
Harissa (salsa africana a base di peperoncino e aglio)			
Ketchup dietetico			

* Per la preparazione della Maionese Dukan procedete così: mettete in una ciotola 1 tuorlo con sale e pepe e 1 cucchiaino di aceto. Stemperate lentamente per amalgamare il composto. Aggiungete, sempre mescolando, l'olio di vaselina goccia a goccia. Quando la salsa inizia ad addensarsi, se necessario, regolate il condimento.

** In quantità moderate solo per aromatizzare un piatto a base di proteine.

Ricetta della crêpe (o galletta) alla crusca d'avena

INGREDIENTI

- 1 cucchiaio di crusca di grano
- 2 cucchiai di crusca d'avena*
- 1 uovo intero o solo l'albume
- 1 cucchiaio di formaggio magro (allo 0-5% di grassi)

Mescolate la crusca di grano, la crusca d'avena, l'albume o l'uovo intero (secondo il vostro appetito e il vostro livello di colesterolo) e il formaggio magro. Fate cuocere la crêpe in una padella antiaderente senza alcun condimento. Se la crêpe si attacca, potete bagnare il fondo della padella con un filo d'olio e asciugare con carta da cucina.

*A partire dalla fase di crociera. In fase d'attacco, non superate la dose di 1 cucchiaio e mezzo di crusca d'avena.

La colazione

Che cosa mangiare a colazione nella fase 1?

Potete scegliere liberamente da questa lista e prepararvi la colazione secondo i vostri gusti.

BEVANDE	Yogurt naturale magro (allo 0% di grassi)
Caffè	**CRÊPE**
Latte scremato	Crêpe alla crusca d'avena (non più di 1 cucchiaio e mezzo di crusca)
Tè, tisane	**CARNI E UOVA**
Caffè solubile a base di cicoria	Pollo sgrassato
LATTICINI	Prosciutto sgrassato
Ricotta magra (allo 0-5% di grassi)	Bresaola
Formaggio fresco magro (allo 0-5% di grassi)	Fesa di tacchino sgrassata
Formaggio spalmabile (allo 0,2% di grassi)	Uova strapazzate, all'occhio di bue, alla coque
Fiocchi di latte (allo 0-5% di grassi)	Omelette

Se non riuscite a inghiottire nulla appena svegli

Non saltate i pasti: bevete qualcosa di caldo, aspettate un'ora e poi fate colazione.

Come si fa a rinunciare a pane e farinacei?

Avrete capito che la colazione non si sottrae in alcun caso alla lista degli alimenti autorizzati. Per questo motivo non vedrete nell'elenco alcuna traccia di dolci, pane o brioche. Troverete invece alimenti che vi aiuteranno a saziarvi senza alcun problema, poiché potrete consumare latticini scremati a volontà con aggiunta di aspartame, un uovo alla coque o ancora una fetta di prosciutto di pollo. Avrete la sensazione di fare una colazione completa: sarà come fare un brunch all'inglese tutte le mattine.

Inoltre questo menu sarà molto più equilibrato ed energizzante di una colazione tradizionale composta da dolci o cornflakes al cioccolato.

La crêpe (o galletta) alla crusca d'avena

Per alcuni miei pazienti la colazione è il momento in cui è più difficile rinunciare a pane e prodotti da forno. Inoltre, alcuni di loro vedono insorgere il problema della stipsi. Per rimediare a tali inconvenienti e anche per gli amanti dei cereali, per chi soffre abitualmente di stitichezza o per chi ha più appetito, ho creato una ricetta di crêpe che possono essere integrate nella fase delle proteine.

Tutto è iniziato quando mia figlia ha voluto seguire la mia dieta. Aveva fame tutta la mattina e faceva fatica a resistere fino al pasto di mezzogiorno, così mi ha chiesto cosa poteva mangiare al mattino per riempirsi di più. È stato allora che, cercando spunti nella mia credenza, ho improvvisato una sorta di galletta, una crêpe preparata con la crusca d'avena che avevo portato dagli Stati Uniti. L'ha trovata buona e nutriente. In seguito ho migliorato la ricetta e ho inserito l'utilizzo della crusca d'avena nel mio metodo. Questa galletta è piena di fibre solubili. Studi recenti hanno provato che le fibre solubili, impregnandosi d'acqua, formano un gel nello stomaco e nel canale intestinale. Alcuni nutrienti vengono intrappolati e alcune calorie sono eliminate, grazie a questo gel, attraverso le feci. In seguito, grazie alla creatività della comunità dei «dukaniani», sono nate nuove ricette che permettono di variare: muffin, pane, torte, pasticceria Dukan...

Approfittate dell'effetto «brucia-grassi» del mattino

Quando l'organismo non viene alimentato metabolizza i grassi degli adipociti per ricavare energia. È il caso del mattino, quando siete a digiuno. Questo processo si chiama lipolisi e inizia durante la notte, quando le riserve di zucchero vengono esaurite. Poi si arresta quando si fornisce energia facendo colazione. Ecco due idee per approfittare meglio di questa fase brucia-grassi naturale.
Se non siete troppo stanchi fate attività fisica al risveglio, perché l'organismo attacca direttamente i cuscinetti di grasso prima di fare colazione.
Fate poi colazione rispettando alla lettera le indicazioni della fase 1: una bevanda calda e proteine, che non fermeranno questo processo e vi permetteranno di approfittarne durante tutta la giornata.

Il pranzo

Che cosa mangiare a pranzo nella fase 1?

Potete scegliere i vostri piatti e dessert tra gli alimenti proteici indicati a p. 40. Mangiatene a volontà! Troverete anche delle idee sui menu tipo di una settimana a p. 50. Cercate di bere abbondantemente mentre mangiate. Potete prepararvi una teiera di tè verde per accompagnare il pasto o dell'acqua gassata... Sono permesse anche le bevande light con dolcificanti. Usate le spezie per variare la vostra alimentazione, e curate la presentazione dei piatti. Un alimento è sempre più appetitoso se ben presentato. Per condire carne e uova trovate suggerimenti a p. 43. Se non avete il tempo di prepararvi una salsa, potete aggiungere senza problemi aceto, pepe, spezie o aspartame.
Attenzione alle trappole che possono frenare il vostro regime e causare ritenzione idrica: limitate il sale, ma anche la senape.

BEVANDE	Roast-beef
Acqua naturale o gassata	Arrosto di vitello
Acqua aromatizzata con dolcificanti	Bistecca di cavallo
Tè verde	Coniglio
Bibite light con dolcificanti	Fegato di vitello
ANTIPASTI	Fegato di volatile
Uova sode	Pesce al vapore
Surimi	Omelette
Affettati magri: bresaola, prosciutti sgrassati	Uova strapazzate
Petto di pollo	**CONTORNI**
Sgombro al vino bianco	Shirataki di Konjac al ragù magro
Salmone affumicato	**DESSERT**
Gamberetti	Ricotta magra (0-5% di grassi)
Granchio	Formaggio fresco magro (allo 0-5% di grassi)
PORTATE PRINCIPALI	Yogurt naturale o aromatizzato (allo 0% di grassi) senza zucchero
Pollo alla griglia	Crêpe alla crusca d'avena (se non l'avete già mangiata a colazione)
Tartare di carne	Dessert a base di uova (isola galleggiante, crema alla vaniglia eccetera)

Mantenete la struttura dei pasti

È importante mantenere un ritmo regolare nei pasti poiché dopo qualche giorno potreste sentirvi frustrati. Sedersi a tavola davanti a un piatto caldo è allo stesso tempo confortante e risponde a un bisogno di convivialità. Certo, ora il vostro pasto è composto solo di proteine, ma scoprirete che è possibile realizzare interi menu saporiti anche solo con questi alimenti. Nei menu che preparerete secondo i vostri gusti distinguete tra antipasto, portata principale e dessert. Non esitate a modulare i pasti secondo il vostro appetito. Per esempio, se non avete tempo o se non avete molta fame al mattino, potete consumare la crêpe alla crusca d'avena a mezzogiorno come dessert.

Posso fare uno spuntino?

Poiché potete consumare liberamente gli alimenti indicati nella lista, siete assolutamente autorizzati a concedervi uno spuntino appena la fame si fa sentire. Eccovi qualche idea per uno spuntino facile da portare con voi:

- bastoncini di surimi;
- uova sode;
- yogurt allo 0% di grassi;
- bresaola;
- prosciutto di tacchino, di pollo o di maiale sgrassati;
- tè, caffè senza zucchero o con dolcificanti.

Prendetevi cura di voi

Non cenate troppo tardi per lasciare al vostro organismo il tempo di digerire e per facilitare il riposo notturno. Mettetevi comodi anche se mangiate da soli e preparate la tavola con cura. Disponete gli alimenti con creatività e fatela diventare una piacevole abitudine. Coccolatevi! Concedetevi il giusto tempo per mangiare: dopo i primi 20 minuti di masticazione la fame scompare. Se cenate troppo velocemente vi alzerete da tavola con la sensazione di avere lo stomaco vuoto.

La cena

Che cosa mangiare a cena nella fase 1?

Più degli altri pasti, la cena (soprattutto se la vostra dieta inizia in inverno) deve comprendere un piatto caldo: vi sentirete soddisfatti e avrete la sensazione di aver fatto un pasto vero e proprio. Avete diritto agli stessi alimenti indicati per il pranzo e potete strutturare il menu nello stesso modo: antipasto, portata principale, dessert. Per completare il pasto con calma, potete prepararvi una tisana o un caffè di cicoria, che vi fornirà l'apporto di acqua necessario e vi aiuterà a perdere peso.

BEVANDE	Arrosto di vitello
Acqua naturale o gassata	Bistecca di cavallo
Acqua aromatizzata con dolcificanti	Coniglio
Tisane	Fegato di vitello
Caffè solubile di cicoria	Fegato di volatile
ANTIPASTI	Pesce al vapore
Uova sode	Omelette
Surimi	Uova strapazzate
Affettati magri: bresaola, prosciutto sgrassato	Soufflé di pollo
Petto di pollo	**CONTORNI**
Sgombro	Shirataki di Konjac (al ragù magro)
Salmone affumicato	**DESSERT**
Gamberetti	Ricotta magra (allo 0-5% di grassi)
Granchio	Formaggio spalmabile (allo 0,2% di grassi)
PORTATE PRINCIPALI	Formaggio fresco magro (allo 0-5% di grassi)
Pollo alla griglia	Yogurt (allo 0% di grassi) senza zucchero
Tartare di carne	Crêpe alla crusca d'avena (se non le avete già mangiate a colazione e a pranzo)
Roast-beef	Dessert a base di uova (isola galleggiante, crema pasticciera alla vaniglia, flan eccetera)

Non punitevi!

L'ora della cena è spesso un momento critico per chi rientra a casa dopo una giornata faticosa. Avete voglia di sgranocchiare qualcosa mentre cucinate? Imparate a conoscervi: saprete che l'ora della cena è il momento più difficile della giornata (rientrate dal lavoro, dovete preparare il pasto dei bambini...), e allora ecco un trucco per aggirare l'ostacolo: preparate una crêpe alla crusca d'avena e mangiatela mentre cucinate. Attenzione però: in questo caso, non è concesso consumare la crêpe in altri momenti della giornata. Probabilmente dovrete sedervi a tavola con la famiglia ed evitare gli alimenti vietati, magari mentre guardate i vostri bambini gustare i loro spaghetti. Per resistere, non esitate a fare uno spuntino prima del pasto. Evitate di sedervi a tavola affamati, o rischierete di compromettere l'esito della dieta. Inoltre provate a preparare per il resto della famiglia quei piatti che non apprezzate particolarmente. Non amate il riso? Se lo cucinate resisterete più facilmente alla tentazione di assaggiarlo. Se pane e formaggio sono i vostri talloni d'achille, non trasgredite, e regalatevi piuttosto lo yogurt come dessert. Infine, integrate gli alimenti indicati per il vostro programma in tutti i menu: il pollo come portata principale, il pesce, il formaggio fresco allo 0-5% di grassi... non rinuncerete a cenare con la famiglia, anche se alcuni alimenti vi sono preclusi.

MENU TIPO DELLA FASE 1 (ATTACCO)

	LUNEDÌ	MARTEDÌ	MERCOLEDÌ
Colazione	> Bevanda calda > Formaggio magro tipo ricotta (allo 0-5% di grassi) > Crêpe alla crusca d'avena (*vedi* p. 44)	> Bevanda calda > Formaggio fresco (allo 0-5% di grassi) > Crêpe alla crusca d'avena (*vedi* p. 44)	> Bevanda calda > Formaggio spalmabile (allo 0,2% di grassi) > Omelette di albumi
Pranzo	> Involtini di bresaola ripieni di formaggio magro (allo 0-5% di grassi) > Shirataki di Konjac con ragù magro > Yogurt magro (allo 0% di grassi) senza zucchero al cocco	> Gamberetti in salsa di soia > Merluzzo allo zafferano > Yogurt magro (allo 0% di grassi) senza zucchero agli agrumi	> Petto di pollo > Polpette di carne con erbe aromatiche > Shirataki di Konjac** alla salsa di soia > Gelato al muesli (*vedi* p. 226)
Spuntino	> Formaggio magro (allo 0-5% di grassi)	> Tè o caffè senza zucchero	> 1 uovo sodo > Yogurt magro senza zucchero
Cena	> Gamberetti di mare e di fiume > Ali di pollo con aceto di mele > Uova di neve*	> Tonno fresco cotto al vapore con Maionese Dukan (*vedi* p. 43) > Fegatini di pollo con aceto balsamico > Budino alla vaniglia	> Involtini di salmone con formaggio spalmabile (allo 0,2% di grassi), erbe aromatiche e aglio > Spezzatino di vitello alla paprika > Spumini all'albume

* Per le Uova di neve procedete così: portate a ebollizione 250 ml di latte scremato. Separate 2 albumi dai tuorli e sbattete questi ultimi con 1 cucchiaio di dolcificante sintetico, versate lentamente il latte bollente e amalgamate bene. Trasferite in una casseruola e cuocete a fuoco dolce sempre mescolando con una frusta. Quando la crema inizia ad addensare, spegnete il fornello e lasciate raffreddare completamente. Montate gli albumi a neve e con l'aiuto di un cucchiaio prelevate piccole porzioni e immergetele in acqua bollente. Quando si saranno gonfiate, raccoglietele con una schiumarola e adagiatele in un piatto. Servite la crema con le palline di albumi.

Seguite il numero di giorni di attacco (tra 2 e 7, a seconda della necessità).
Non dimenticate il vostro cucchiaio e mezzo di crusca d'avena al giorno.

GIOVEDÌ	VENERDÌ	SABATO	DOMENICA
> Bevanda calda > Yogurt (allo 0% di grassi) senza zucchero aromatizzato alla vaniglia > Crêpe alla crusca d'avena (*vedi* p. 44)	> Bevanda calda > Formaggio fresco (allo 0-5% di grassi) > 2 fette di prosciutto sgrassato	> Bevanda calda > Formaggio fresco (allo 0-5% di grassi) > 2 fette di bresaola	> Bevanda calda > Budino alla vaniglia > 1 uovo alla coque con alcune striscioline di pollo al vapore
> Uova strapazzate con crema chantilly e uova di salmone (*vedi* p. 142) > Branzino grigliato con erbe aromatiche > Sorbetto di tè alla menta	> Mousse di salmone > Calamari al prezzemolo > Shirataki di Konjac** al prezzemolo > Isola galleggiante al caffè (*vedi* p. 262)	> Tonno fresco con formaggio magro (allo 0-5% di grassi) > Scaloppine di fesa di tacchino con salsa allo yogurt profumata al curry > Mousse al limone	> Zuppa di pesce > Omelette alla menta e curry > Granita al caffè aromatizzata alla cannella
> Bastoncini di surimi > Formaggio magro (allo 0-5% di grassi)	> Yogurt (allo 0% di grassi) senza zucchero al cocco > Crêpe alla crusca d'avena (*vedi* p. 44)	> Formaggio magro tipo ricotta (allo 0-5% di grassi) > 1 muffin alla crusca d'avena	> Tè o caffè senza zucchero > Porridge preparato con 1 cucchiaio e mezzo di crusca d'avena
> Sgombro al naturale > Gamberi al forno con erbe aromatiche > Gelato magro all'aroma di mandorle**	> Pollo cotto al vapore > Tofu saltato in padella aromatizzato al curry > Formaggio magro (allo 0-5% di grassi) all'aroma di crème brûlée**	> Polpette di tonno alle erbe aromatiche > Trancio di salmone al forno > Yogurt magro (allo 0% di grassi) alla vaniglia	> Involtini di salmone affumicato con formaggio magro spalmabile (allo 0,2% di grassi) ed erba cipollina > Spiedini di manzo > Bavarese di formaggio fresco alla vaniglia***

** Gli aromi e gli Shirataki di Konjac sono disponibili sul sito www.lamiaboutiquedietadukan.it

*** Per la Bavarese di formaggio fresco alla vaniglia procedete così: mettete 3 fogli di gelatina in ammollo per 5 minuti in acqua fredda. Montate 2 albumi a neve. Scaldate 3 cucchiai di acqua a fuoco dolce, unite i semi di un baccello di vaniglia, la gelatina e mescolate per fluidificarla. Lasciate intiepidire. Amalgamate il formaggio con gli albumi montati a neve, aggiungete la gelatina e mescolate con una frusta per 2-3 minuti. Dolcificate con edulcorante e lasciate riposare in frigorifero per 1 notte (8-12 ore) prima di servire.

La mia dieta nella vita quotidiana (fase 1)

In famiglia

Le tentazioni saranno parecchie, soprattutto se avete dei bambini. Per evitare di cedere, specie in fase d'attacco, potete eventualmente decidere di far mangiare i bambini prima di voi. Oppure, più semplicemente, preparatevi gli alimenti proteici separandoli dal resto (il pollo in un piatto, le verdure in un altro), e potrete anche prepararvi il vostro piatto senza cambiare il normale svolgimento del pasto. Non preoccupatevi delle quantità: sono libere. Abbondate con le porzioni di carne, di pesce o di frutti di mare: prendetene il necessario per mantenere lo stesso ritmo degli altri commensali. Eviterete così eventuali domande dei vostri figli che potrebbero non capire perché il vostro piatto è mezzo vuoto. Preparate in anticipo dei menu che potete adattare. Per esempio, se i vostri figli adorano le uova alla coque, prevedete un uovo per voi, del pane e dei filetti di prosciutto di tacchino. Voi utilizzerete il prosciutto al posto dei crostini, mentre i vostri figli consumeranno il pane.

L'aperitivo

Se l'aperitivo è a casa vostra, preparate delle ciotole dalle quali potrete piluccare senza trasgredire il vostro programma: gamberetti, bastoncini di surimi, cubetti di prosciutto di tacchino. Preparate dell'acqua gassata o della cola light per potervi dissetare senza lasciarvi tentare da alcol o succhi di frutta. Riempite voi stessi il vostro bicchiere e non lasciatelo mai completamente vuoto. Scoraggerete così gli invitati troppo solerti che, pensando di essere gentili, vi serviranno del vino!
Se siete stati invitati la situazione è più delicata, ma non insormontabile. Cominciate a riempirvi con un sostanzioso spuntino prima di incontrare i vostri amici. In fase d'attacco le verdure sono vietate ed è possibile che nessuno degli spezzafame che vi sono offerti compaia nella lista degli alimenti concessi. In questo caso chiedete un grosso bicchiere d'acqua gassata che terrete in mano, e questo sarà la scusa per rifiutare i piatti che circolano tra i conviviali.

Al ristorante

È una delle situazioni in cui è più facile seguire il regime delle proteine. Dopo un antipasto come 1 uovo in gelatina o 1 trancio di salmone affumicato, oppure 1 piatto di frutti di mare, la scelta può variare tra 1 pezzo di manzo, 1 controfiletto alla griglia, 1 costina di vitello, del pesce o del pollame. Quando le portate si fanno attendere, fate attenzione a non sgranocchiare qualcosa di vietato: i cetriolini sottaceto non sono autorizzati in quantità elevate in fase d'attacco, la senape è troppo salata…

Se temete che la fame si faccia sentire a causa di un'attesa troppo lunga, piluccate qualcosa prima di andare al ristorante: del surimi, 1 uovo sodo…

Per chi ama i dolci o i formaggi la difficoltà si presenta dopo la portata principale, quando si rischia di essere tentati dagli altri commensali. La migliore strategia è ricorrere a un primo caffè, che può essere seguito da un altro se la conversazione si protrae a lungo. Altrimenti, tenete in ufficio o in macchina dei vasetti di yogurt allo 0% di grassi, naturale o aromatizzato (senza zucchero), che vi permetteranno di concludere il pasto con una nota di dessert fresco e vellutato.

Variate e mangiate in abbondanza

Provate a gustare gli alimenti indicati sulla lista! Nei primi giorni la vostra preferenza andrà a quelli che conoscete già, ma questa dieta dà anche l'opportunità di scoprire sapori nuovi: andate dal macellaio o dal pescivendolo e non esitate a sperimentare tipi di pesce dimenticati dalla lista dei prodotti surgelati o carni sconosciute dalla maggioranza delle persone.

Domande - Risposte

Devo assumere vitamine durante il programma?

→ Se la durata del regime è breve, le vitamine non sono obbligatorie. Al contrario, se i chili da perdere sono molti e la dieta ha una durata piuttosto lunga, dovete assumere quotidianamente un multivitaminico, ma evitate dosi elevate perché possono risultare dannose: è meglio prepararsi del fegato di vitello 2 volte la settimana e assumere 1 cucchiaio di lievito di birra ogni mattina. Dal momento in cui le verdure saranno autorizzate, farete il pieno di vitamine consumando ottime insalate con lattuga, peperoni crudi, pomodori, carote e indivia.

Posso masticare i chewing-gum senza zucchero per calmare la fame?

→ I chewing-gum possono rivelarsi molto utili per coloro che sono abituati a masticarli. Considero il chewing-gum un ottimo aiuto nella lotta contro il sovrappeso. Non esitate a masticare 4 o 5 confetti appena dopo cena. Questo vi eviterà di cedere alle tentazioni.

È necessario bere durante i pasti?

→ Dimenticare di bere quando si mangia fa correre il rischio di dimenticarsi di bere in generale. Inoltre, bere mangiando aumenta il volume del contenuto gastrico e crea una sensazione di sazietà. Infine, l'acqua diluisce gli alimenti, rallenta il loro assorbimento e fa sentire pieni e a lungo. Quindi sì, bevete pure durante i pasti!

Non riesco a bere molto, che cosa devo fare?

→ La quantità di liquidi indicata vi sembra insormontabile? Non dimenticate di conteggiare il caffè, il tè o qualunque altro infuso o tisana beviate. Vi renderete conto che sarà facile arrivare al quantitativo minimo richiesto. Pensate anche a utilizzare l'acqua naturale, l'acqua aromatizzata (senza zucchero) e le bevande autorizzate come degli spezzafame per aumentare la sensazione di sazietà.

Posso fare attività fisica in fase d'attacco?

→ L'unica attività fisica concessa è la camminata.

In fase d'attacco ho riscontrato un problema di stipsi. Che cosa posso fare per risolverlo?

→ Il consumo abbondante di proteine limita l'idratazione del bolo alimentare, quindi la sua fluidità. Per questo motivo le feci sono meno idratate e la loro eliminazione è più difficile. Per combattere la stitichezza consiglio di bere almeno 2 litri di acqua al giorno, dando la preferenza a un'acqua ricca di magnesio. Se non dovesse bastare, può rivelarsi utilissimo il prodotto Carré Transit – tavolette di fibre estratte da fico, tamarindo e dattero – in vendita sul sito www.lamiaboutiquedietadukan.it. Se però il problema persiste, è consigliabile consultare il medico curante o il farmacista.

Ho iniziato la dieta insieme con una collega, e malgrado abbia già perso un paio di chili dopo pochi giorni, sono scoraggiata dal fatto che la mia amica sta perdendo peso molto più velocemente di me. Inoltre, a parità di statura, il suo Giusto Peso è inferiore rispetto al mio. Qual è il motivo di questa differenza?

→ Il Giusto Peso è diverso per ognuno di noi perché è calcolato in base a diversi parametri che danno un peso forma completo, come l'età, l'indice di massa corporea, la morfologia del corpo e l'ossatura, i chili da perdere, ma anche il passato famigliare. Ecco perché non ha senso confrontare il proprio ritmo di dimagrimento con quello di un'altra persona. Inoltre, non dimenticate che l'importante non è solo perdere i chili, ma mantenerli nel lungo periodo.

Bilancio della fase 1

Ci siamo, siete giunti al termine della fase 1! È ora di fare il punto sulla vostra forma fisica e sulla vostra perdita di peso.

Avete perso velocemente parecchi chili

La fase d'attacco è folgorante: è possibile perdere da 2 a 3 chili in 5 giorni. Tuttavia, una persona obesa inizialmente perderà chili più rapidamente di una persona più magra che cerca solo di migliorare la propria linea prima delle vacanze estive. Questa perdita può arrivare a 5 chili nelle persone obese.

Non avete perso peso così velocemente come immaginavate

In primo luogo, per la maggioranza delle donne, le mestruazioni coincidono con un periodo di forte ritenzione idrica. In questo caso bevete un po' meno e salate il meno possibile. Perderete i chili che desiderate dopo qualche giorno di dieta. Se la mancata perdita di peso non è legata al ciclo, interrogatevi sul vostro regime. È stato seguito senza sgarri? Se avete fatto tutto a regola d'arte, potreste essere un caso difficile, e forse avete seguito in passato numerose diete perché avete una forte tendenza al sovrappeso, oppure siete in premenopausa e quindi presentate una irregolarità ormonale, o ancora siete sotto trattamento antidepressivo o cortisonico.

È insorta la stipsi?

In effetti le proteine contengono poche scorie e l'assenza di materia grassa riduce la lubrificazione del tubo digerente. Bevete un po' di più optando per acque minerali naturali.

Accusate un po' di stanchezza

Vi sentite come affaticati dalla dieta? Non lo eravate già prima di iniziare? Se questo è il vostro caso, anche se raro, è possibile. Può dipendere dal fatto che non mangiate abbastanza. Non dimenticate che le quantità non sono limitate. La carne è il miglior antistanchezza naturale, soprattutto quella rossa e magra di manzo (bistecca, puntina…).

La stanchezza legata al sale e all'acqua

Il sale ha un'azione sulla pressione arteriosa. Mangiando senza sale riuscite a tenere sotto controllo la pressione, ma se già è bassa potrebbe scendere ulteriormente. L'eccesso di acqua ha lo stesso effetto (se ne bevete più di 2 litri). L'acqua facilita la circolazione sanguigna e fa abbassare la pressione arteriosa. La cosa peggiore è associare le due cose. Non bevete troppo la sera per non alzarvi troppo spesso la notte a urinare: al risveglio vi sentireste già stanchi. Se la fatica persiste, fatevi misurare la pressione dal medico e informatelo che di solito una dieta come quella che state seguendo non causa affaticamento.

La fase d'attacco in breve...

Potete consumare gli alimenti ricchi in proteine e nient'altro. Questa fase può variare da 1 a 7 giorni. Concentratevi sugli alimenti autorizzati e dimenticate tutte le altre categorie di cibi.

Avete diritto a consumare a volontà le proteine indicate.

Dovete bere almeno 1,5 litri d'acqua al giorno. Questo non è un consiglio, ma un obbligo. Per la riuscita della dieta è imperativo bere molto.

Ecco le vostre 9 categorie di alimenti autorizzati:

- carni magre: vitello, manzo (eccetto la costata e la lombata), cavallo;
- alcune frattaglie: il fegato e la lingua;
- tutti i tipi di pesce;
- tutti i frutti di mare;
- tutti i volatili senza la pelle (l'anatra è vietata);
- tutti i tipi di prosciutto magro (di pollo, di maiale sgrassato);
- le uova;
- i latticini magri;
- le proteine vegetali (tofu e seitan).

Per condire potete utilizzare solamente:

- l'aceto;
- gli aromi;
- gli odori;
- le spezie;
- poche gocce di succo di limone.

Con moderazione, potete salare leggermente o utilizzare la senape.

Per il massimo piacere, nessuna restrizione sulla quantità.

Per sentirvi bene, non limitate le quantità e variate i vostri menu.

Evitate qualunque trasgressione durante la fase d'attacco.

Per questa fase, che non dura a lungo e deve cogliere di sorpresa il vostro organismo, seguite scrupolosamente le indicazioni.

Avete diritto a 1 cucchiaio e mezzo di crusca d'avena al giorno, specialmente sotto forma di crêpe. Potete consumare gli Shirataki di Konjac a volontà.

Fase 2: **la crociera**

Ora sono 100 gli alimenti che potete consumare
a volontà fino al raggiungimento del peso desiderato.

68 69
75 76 77 78 79
93 94 95 96 97 98 99 100 101 102 103 104 105 106 107

Gli obiettivi della fase 2

Una perdita regolare

Dopo 3-5 giorni in fase d'attacco, constaterete voi stessi che la mancanza di verdure fresche nella vostra alimentazione comincia a farsi sentire. Entrerete facilmente nella seconda fase, che prevede l'alternanza di giorni a base di sole proteine pure con altri a base di proteine + verdure. Questa fase si concluderà quando avrete raggiunto il vostro Giusto Peso.

Una perdita di peso nel lungo termine

In fase di alternanza dimagrirete in modo più lento. È normale: il vostro corpo deve adattarsi a questa nuova fase per entrare nel regime sul lungo termine. State tranquilli: la perdita di peso legata alla riduzione di massa grassa resta effettiva e, sebbene camuffata dal ritorno dell'acqua, prosegue senza intoppi.
Quanto alla durata di questa fase, dipende da quanti chili desiderate perdere. Proseguirà finché avrete ottenuto il Giusto Peso.

Una perdita di peso progressiva

Se dovete perdere più di 20 chili, l'esperienza dimostra che la perdita si fissa in media intorno a 1 chilogrammo a settimana. Certamente nella fase 1 avete perso di più. È per questo motivo che nell'arco di 2 mesi, seguendo la fase 1 e la fase 2, potete sperare di perdere i vostri primi 10 chili. In seguito vedremo che il calo ponderale si riduce poiché il corpo crea un meccanismo di difesa in fase di consolidamento. Ma per il momento, se rispettate le indicazioni in modo corretto, non dovreste incontrare ostacoli al dimagrimento.

La discesa a gradini

Se la perdita di peso finora è stata sorprendente, la bilancia sembra tutto a un tratto bloccarsi. Nel momento in cui vengono introdotte le verdure, si avrà un aumento del contenuto idrosalino nel vostro organismo rispetto a quello presente durante il regime di sole proteine, poiché le fasi di alternanza sono per definizione meno idrofughe rispetto a quella di attacco. Sicuramente nei giorni di proteine pure vedrete con piacere l'ago della bilancia scendere verso sinistra e avrete la sensazione che la vostra perdita di peso proceda a gradini: stagnazione e poi brusco calo. State tranquilli e abbiate fiducia nel metodo: ricordate che è stato messo a punto per farvi raggiungere il vostro Giusto Peso.

Le regole
della fase 2

L'introduzione delle verdure dopo il periodo di attacco apporta una ventata di freschezza e di varietà alla dieta, e la rende più facile da seguire. È buona regola iniziare il pasto con 1 insalata saporita, ricca di colori e di sapori oppure, nelle serate invernali, con 1 zuppa, per poi passare a 1 piatto di carne o di pesce cotto a fuoco lento con verdure profumate e aromatizzate, e chiudere con 1 latticino, o anche 2 o 3!

Sì alle verdure, ma a certe condizioni

Le verdure che compaiono nella lista, sia crude sia cotte, possono essere consumate senza limiti sulla quantità. Potete mangiarle a qualunque ora e nel modo che preferite. Rispettate però le indicazioni sulla preparazione, per non aumentare l'apporto di lipidi, che deve restare il più basso possibile.

L'alternanza di proteine pure e proteine + verdure

Nel corso di questa seconda fase del programma, alternerete periodi di proteine pure a periodi di proteine e verdure fino al raggiungimento del peso desiderato. La scelta del ritmo di questa alternanza varia a seconda dei casi. Deve tenere conto di diversi parametri, tra cui l'età, il transito intestinale, i chili da perdere, il tipo di attività fisica e l'attrattiva per la carne e le verdure. Varia da 1 giorno di proteine pure alternato a 1 giorno di proteine + verdure, fino a 5 giorni di proteine pure alternati a 5 giorni di proteine + verdure. Vedremo in seguito come procedere.
Ma qualunque sia il tipo di alternanza e il suo ritmo, la libertà sulle quantità – sia di proteine sia di verdure – resta un punto fermo: la definizione «a volontà» è infatti uno dei fondamenti del mio metodo. La lista degli alimenti autorizzati non cambia (*vedi* p. 40).

«A volontà», per resistere nel lungo termine

Attenzione a non interpretare questo argomento con leggerezza. Di fronte alla fame, alla tentazione, alla voglia, al forte desiderio di masticare, la libertà totale ha un senso e gioca un ruolo importante, ma non deve essere un semplice passatempo o un modo per tenersi impegnati. Conosco pazienti che sgranocchiano gli alimenti concessi senza avere fame, come se masticassero chewing-gum. Fate attenzione a tali comportamenti: le verdure non sono inoffensive. Mangiatene fino a raggiungere la completa sazietà, ma non andate oltre. Questo non cambia per nulla il principio di libertà quantitativa che è alla base del metodo: qualunque sia la quantità di alimenti ingerita, la perdita di peso si manterrà, ma a un ritmo meno sostenuto, e quindi meno incoraggiante.

Gli scogli da aggirare

- **La preoccupazione del rallentamento**

Quando si introducono le verdure, alcuni pazienti che seguivano le indicazioni in modo corretto si sentono autorizzati a fare qualche piccolo sgarro. Questi extra sono spesso legati al rallentamento naturale della perdita di peso, più veloce nella fase d'attacco.
Tale rallentamento è normale: si presenterebbe in tutti i casi, anche se continuaste con la fase d'attacco. È infatti dovuto a 2 motivi strettamente correlati: inizialmente il corpo, sorpreso dall'intensità dell'attacco, resiste a fatica alla potenza della dieta e lascia andare facilmente le prime riserve di grasso. Questi grassi superficiali sono volatili, e si perdono o si prendono molto velocemente. Inoltre, la dieta delle proteine è molto idrofuga. Ciò significa che con i primi grassi bruciati l'acqua viene trattenuta. E 1 litro d'acqua pesa 1 chilo! Trascorsi i primi giorni, questi 2 fattori responsabili della perdita immediata di peso si attenuano. Infine, l'arrivo delle verdure porta con sé un terzo fattore di rallentamento. Affronterete ora un combattimento molto più accanito, un corpo a corpo che per forza di cose sarà più lento.

- **Solo verdure**

Poiché siamo in un programma che si basa sulla libertà di scelta degli alimenti e delle quantità, non fate l'errore, spesso comune, di nutrirvi di sole verdure. Sarebbe pericoloso privarsi delle proteine. Quale rischio si corre? Quello di non coprire i fabbisogni vitali con le proteine che l'uomo non sa sintetizzare, e che il corpo dovrà necessariamente attingere dalla vostra massa muscolare, dalla vostra pelle e dai vostri capelli. Quando vengono autorizzate le verdure non significa che devono essere eliminati le carni e il pesce, ma che i due alimenti devono essere associati. Prendete la lista delle verdure di p. 69. Attenzione: come avete fatto per la fase d'attacco, rispettate in maniera diligente le indicazioni e ricordate che tutto ciò che non compare nella lista è vietato.

Che cosa fare in caso di interruzione?

Una dieta è una piccola parte della nostra vita, e quindi può essere sottoposta a ostacoli, scontri e difficoltà. Potete sentirvi scoraggiati durante il programma e perdere la motivazione: siamo umani e qualche volta ci sentiamo fragili e stanchi. Potete essere sottoposti a pressioni, a stress, tormentati da scelte impegnative e difficoltà: ognuno di noi deve sottostare alle sue responsabilità. Può capitarvi di viaggiare, di spostarvi e non trovare le stesse condizioni di quando siete partiti, dovendo così interrompere la dieta. In questi casi, esiste una regola tassativa e intoccabile: fermarsi! A patto, però, di rispettare il protocollo di uscita. La cosa peggiore sarebbe battere in ritirata nel disordine. Un tale cambiamento di rotta vi farebbe perdere il frutto dei vostri sforzi. Qualunque sia il peso perso, bisogna conservarlo, proteggerlo: è compito vostro. Passate alla terza fase che non conoscete ancora: la fase di consolidamento (*vedi* p. 86), un supporto necessario tra il regime duro e il non-regime.

Il ritmo dell'alternanza

Un'alternanza necessaria

La fase di crociera, che beneficia dello slancio e della velocità di dimagrimento vissuti grazie al regime d'attacco, ha il compito di accompagnarvi fino al raggiungimento del peso scelto. Occuperà dunque la maggior parte del programma Dukan.

L'aggiunta alternata delle verdure rallenta l'impatto delle proteine pure. È una scelta voluta! Non sarebbe giusto mantenere un ritmo troppo veloce. Sarebbe controproducente, perché porterebbe il corpo a una dura resistenza. Le buone massaie sanno che schiacciare 1 limone in una sola volta dà minori risultati di quando lo si schiaccia a più riprese lasciandolo riposare. Il giorno o i giorni di proteine pure rappresentano un'offensiva, un attacco a sorpresa, e la forza d'attacco deve consolidare la sua posizione, prendere tempo, per ripartire con efficacia. In più l'organismo ha bisogno della freschezza delle verdure, delle insalate, delle loro vitamine e delle loro fibre per facilitarne il transito.

Come scegliere la vostra alternanza

Esistono ritmi d'alternanza più diffusi e altri meno utilizzati, per casi particolari.

- **5 giorni di proteine pure (PP), 5 giorni di proteine e verdure (PV)**

È un ritmo intenso, a volte eccessivo, che richiede una forte motivazione. I 5 giorni senza verdure possono sembrare lunghi, trascorsi nell'attesa che il tempo passi.

- **1 giorno di proteine pure (PP), 1 giorno di proteine e verdure (PV)**

Un tempo prescrivevo sistematicamente l'alternanza 5/5, poi mi sono reso conto che il ritmo 1/1 apportava risultati molto simili, senza la frustrazione dei 5 giorni senza verdure e senza generare difficoltà. È quindi il tipo di alternanza che vi consiglio.

- **2 giorni di proteine pure (PP), 5 giorni di proteine e verdure (PV)**

È un tipo di alternanza più raro, rivolto in particolare alle persone vulnerabili, anziane (oltre i 70 anni) e soprattutto che hanno pochissimo peso da perdere. È adottata anche da chi vuole perdere peso molto lentamente. È una tipologia poco utilizzata, ma possibile e molto appropriata per questi casi.

- **2 giorni di proteine pure (PP), 5 giorni di regime normale**

Una variante di 2/5 è 2/0, cioè 2 giorni di proteine pure alla settimana e 5 giorni ordinari, senza una dieta particolare ma senza particolari eccessi. È il programma che conviene di più alle donne con la cellulite, spesso molto magre nella parte superiore del corpo ma con anche, e soprattutto cosce, abbondanti. Questo regime permette, se lo si abbina a un trattamento localizzato (come per esempio la mesoterapia), di ottenere ottimi risultati a livello locale, risparmiando la parte superiore del corpo. In questo caso bisogna fare in modo che la seduta di trattamento locale sia effettuata il giorno delle proteine pure, per facilitare la demolizione della massa grassa.

Mangiate piatti freddi, dimagrirete più velocemente

Sapete che quando mangiate piatti freddi il vostro corpo deve riscaldare gli alimenti per portarli a una temperatura media che consenta di poterli digerire e soprattutto assimilare? Nulla entrerà in circolo nel sangue senza essere stato precedentemente scaldato. Questa operazione di riscaldamento comporta un dispendio calorico e le calorie consumate provengono dagli alimenti che avete ingerito: è matematico. Mangiare freddo, però, non è sempre consigliato, soprattutto d'inverno. Ma provate a bere freddo. Quando bevete 1,5 litri d'acqua conservata in frigorifero, la temperatura è di circa 4 °C. Quando urinate tale acqua, la temperatura che raggiunge è di 35 °C. Avete quindi aumentato di 31 °C la temperatura dell'acqua. L'avete scaldata e avete bruciato calorie. Certamente non sono molte, ma in un anno saranno una quantità interessante. Se amate l'acqua fredda, continuate a berla, altrimenti provate a cambiare abitudini.

Che cosa mangiare nella fase 2?

Durante la fase di crociera, avete diritto a 100 alimenti (72 proteine e 28 verdure) senza limiti di quantità, orario e associazioni.
Per i giorni di **proteine pure (PP)**, fate riferimento alla lista degli alimenti concessi in fase 1 che trovate a p. 40.
Per i giorni di **proteine + verdure (PV)**, ecco la lista delle verdure che potete mangiare senza problemi, crude o cotte. Non dimenticate di integrarle con le proteine...
Potete anche attingere alla lista degli alimenti tollerati.*

Alimenti autorizzati

Asparago	Fagiolini	Porro
Broccoli	Finocchio	Rabarbaro
Cavolfiore	Funghi	Ravanelli
Cavolini di Bruxelles	Indivia	Sedano
Cavolo (bianco, rosso, verde, cavolo rapa)	Insalata riccia	Soia (germogli)
Cetriolo	Lattuga	Spinaci e bietole
Cipolla	Melanzana	Valeriana
Cuore di palma	Peperone	Zucca
	Pomodoro	Zucchina

Alimenti autorizzati senza eccedere

Barbabietola
Carciofo
Carota

* Un alimento «tollerato» non è un alimento che rientra nella lista dei 100 che si possono consumare a volontà nella dieta Dukan, ma può essere introdotto a patto di rispettare le indicazioni sulla quantità e la frequenza di consumo. Si possono utilizzare fino a 2 alimenti tollerati al giorno.

Alimenti tollerati	Alimenti vietati
Actimel al naturale allo 0% di grassi (1)	Avocado
Amido di mais (1 cucchiaio o 20 g)	Ceci
Bacche di goji (da 1 a 3 cucchiai, in base alla fase)	Fagioli nani
Bevanda di cicoria (1 cucchiaino o 7 g)	Fave
Cacao magro senza zucchero all'11% di grassi (1 cucchiaino o 7 g)	Lenticchie
Farina di soia (1 cucchiaio o 20 g)	Mais
Formaggio magro al 7% di grassi grattugiato (30 g)	Patata
Gazpacho (1 bicchiere o 15 cl)	Piselli
Latte di soia (1 bicchiere o 15 cl)	Pisellini
Mozzarella al 9% di grassi (30 g)	Piselli secchi
Olio (3 gocce o 3 g)	Piselli secchi spezzati
Panna light all'11% di grassi (1 cucchiaio o 30 g)	Scorzonera
Philadelphia Balance al 4% di grassi	
Salsa di soia zuccherata (1 cucchiaino o 5 g)	
Salsiccia di pollo e tacchino al 10% di grassi (100 g)	
Tempeh (50 g)	
Vino per cucinare (3 cucchiai o 30 g)	
Würstel di pollo e tacchino al 18% di grassi (4% di zuccheri)	
Yogurt allo 0% di grassi alla frutta (1)	
Yogurt di soia al naturale (1)	
Alcuni prodotti a marchio Dieta Dukan (sulla confezione si trova l'indicazione della quantità concessa)**	

** Acquistabili sul sito www.lamiaboutiquedietadukan.it

Come preparare le verdure?

Crude

Per tutti coloro il cui intestino tollera la verdura cruda, è sempre preferibile consumare le verdure fresche crude, per evitare con la cottura la dispersione di buona parte delle loro vitamine. Anche se può sembrare innocuo, il condimento è uno dei problemi maggiori nei regimi dietetici ipocalorici. Per molte persone le verdure crude e le insalate rappresentano gli alimenti ideali per una dieta, in quanto poco caloriche e ricche di fibre e di vitamine. È esatto, ma è la salsa che le accompagna ad annullare questi benefici. Per tutti questi motivi, durante la fase di dimagrimento utilizzate solo le salse che prevedono gli ingredienti indicati di seguito.

La salsa Maya

Ne esistono 2 versioni, con o senza olio di vaselina.

- **La salsa Maya con olio di vaselina**

È un'ottima soluzione per chi soffre di stipsi. L'olio di vaselina presenta due importanti vantaggi: non contiene alcuna caloria e, poiché è un buon lubrificante, facilita il transito intestinale. Su questo prodotto esistono alcuni preconcetti, ma l'unico inconveniente che può dare, in realtà, è legato al dosaggio: se troppo elevato può causare diarrea. Se pensate di utilizzarlo per un periodo prolungato, pertanto, potete consultare il vostro medico curante. Per mitigare questo effetto e alleggerire il sapore, che risulta un poco più forte rispetto a quello dell'olio d'oliva, potete preparare una vinaigrette con i seguenti ingredienti, sfruttando un vasetto di senape vuoto:

- 1 cucchiaino di olio di vaselina;
- 1 cucchiaio di acqua gassata;
- 1 cucchiaio di senape;
- 5 cucchiai di aceto balsamico;
- sale, pepe;
- 1 spicchio d'aglio;
- 7-8 foglie di basilico.

Usate un'acqua molto frizzante, che facilita la miscelazione con la vaselina. Scegliete un aceto balsamico di qualità, che è molto più aromatico e

Attenzione all'olio...

In una normale insalatiera con 2 cespi di lattuga o di indivia e 2 cucchiai da tavola di olio ci sono 20 calorie di insalata e circa 280 calorie di olio... Diffidate dell'olio, non fa parte degli alimenti autorizzati. L'olio d'oliva non viene meno alla regola, anche se nella fase di crociera se ne può utilizzare 1 cucchiaino per preparare la vinaigrette. È universalmente noto per i suoi benefici e ha un ruolo importante nella protezione cardiovascolare, ma non è meno calorico degli altri oli che si trovano sul mercato.

intenso, oppure quello di sherry o di lamponi, dolce e acidulo, o, ancora, l'aceto di mele o qualsiasi altro aceto di vostro gradimento.

- **La salsa Maya senza olio di vaselina**

La preparazione è identica alla precedente, ma al posto dell'olio di vaselina potete utilizzare un cucchiaino di olio d'oliva.

Questa salsa si può utilizzare una sola volta al giorno.

La salsa allo yogurt o al formaggio fresco

Per coloro che non utilizzano l'olio di vaselina, è possibile preparare una salsa saporita e naturale con un latticino light. Scegliete lo yogurt naturale classico, più vellutato di quello magro e poco più calorico. Aggiungete un cucchiaio scarso di senape di Digione e fate montare la salsa come una maionese. Aggiungete un filo di aceto, sale, pepe ed erbe aromatiche.

I modi di cottura

- **Al vapore**

Le verdure concesse possono essere lessate o, meglio ancora, cucinate al vapore per conservare tutte le vitamine.

- **Al forno**

Potete anche prepararle al forno, nel sugo della carne o del pesce. Qualche esempio: il branzino al finocchio, l'orata al pomodoro o il cavolo farcito con la carne di manzo.

- **Al cartoccio**

La cottura al cartoccio coniuga tutti i vantaggi, in termini sia di gusto sia nutrizionali. Il pesce si cucina particolarmente bene al cartoccio: il salmone, per esempio, conserva la sua morbidezza su un letto di porri o di melanzane.

- **Alla piastra**

Può essere una vera tavola di pietra o una padella antiaderente spessa. È una cottura che fornisce alle verdure un gusto e una consistenza nuovi. La consiglio a tutti coloro che non sono particolarmente attratti dalle verdure. Proponetela ai vostri bambini, se rifiutano questi alimenti essenziali per la loro crescita.

Pensate alle spezie!

Recenti studi hanno dimostrato l'importanza delle sensazioni gustative, della quantità e della varietà dei sapori sull'appagamento e sulla sazietà.
Si sa, per esempio, che alcune spezie sono molto aromatiche. Specialmente il chiodo di garofano, lo zenzero, l'anice stellato e il cardamomo scatenano un insieme di sensazioni intense e prolungate, che hanno il potere di stimolare l'ipotalamo, il centro cerebrale che regola il senso di sazietà. È quindi molto importante utilizzare, se possibile fin dall'inizio del pasto, le spezie e cercare di abituarsi al loro sapore, se ancora non le amate.

L'attività fisica prescritta con ricetta medica

Attenzione! State entrando in un settore completamente nuovo del mio metodo. Inizialmente consigliavo caldamente l'attività fisica, ma non l'avevo intesa come parte integrante, tassativa, fondamentale del mio programma. Ora, invece, non esito a prescriverla ai miei pazienti. È il secondo motore del mio metodo: il programma APPSO (*Activité Physique Prescrite Sur Ordonnance*), attività fisica prescritta con ricetta medica.

Camminare: una medicina che fa dimagrire

È da un anno che non consiglio più di camminare: lo prescrivo come un farmaco.

Fase d'attacco	20 minuti al giorno
Fase di crociera	30 minuti al giorno
Fase di consolidamento	25-30 minuti al giorno
Fase di stabilizzazione	20 minuti al giorno
In caso di stagnazione e per «superare un ostacolo»	1 ora al giorno per 3 giorni

Che cosa sono 20 minuti di camminata quando si pensa a tutti gli sforzi, la fatica, le costrizioni, la motivazione necessari per dimagrire? Conto su di voi.

Camminare è l'attività fisica:

- più naturale per gli uomini. Non siamo più delle scimmie, abbiamo assunto una posizione eretta e quindi camminiamo;
- più efficace. Camminando di buon passo si brucia di più che giocando a tennis, perché in una partita di 60 minuti si giocano effettivamente solo 20 minuti;
- meno costosa;
- praticabile a qualunque ora del giorno e della notte;
- che sollecita e affatica meno le articolazioni;
- che fa sudare di meno;

- che permette di fare altre cose contemporaneamente: telefonare, ascoltare musica e persino leggere;
- che fa venire meno fame;
- che può essere praticata senza rischi dalle persone obese;
- che ha le maggiori possibilità di essere praticata a lungo dopo che la si è provata e se ne è compresa la straordinaria importanza.

Naturalmente ci sono altri modi per fare attività fisica: palestre, cyclette e attrezzature per il fitness, sedute con personal trainer, arti marziali, nuoto, acquagym, danza moderna o da sala, tennis eccetera. Ma tutti questi esercizi, per quanto utili e interessanti, non sono paragonabili all'atto di camminare: il movimento fisiologico dell'essere umano. E, come tale, il modo migliore per potenziare il regime alimentare. Con la camminata avete a vostra disposizione una seconda arma importante per combattere il sovrappeso.

L'attività fisica integrata nella vita quotidiana

In realtà si tratta semplicemente di fare ciò che fareste se lo sviluppo della tecnologia non vi avesse privato di questa opportunità. Se avete un problema di peso, dovete cercare di cambiare atteggiamento davanti allo sforzo. Non state conducendo uno stile di vita in linea con la vostra natura ed è questo che vi fa ingrassare. Oggi, il nostro corpo risente di non poter più svolgere la minima attività necessaria al mantenimento della sua funzione muscolare. La sedentarietà ci impedisce di smaltire l'eccesso calorico alimentare lasciandoci con l'unico strumento possibile per evitare o ridurre l'aumento di peso: la restrizione e la dieta. Ma, ancora più importante, l'inattività – che noi crediamo essere un progresso – ci priva di una parte di noi stessi. La nostra psiche, le nostre emozioni, il nostro equilibrio fisiologico, il nostro sistema ormonale e immunitario ne risentono e l'insieme di queste carenze diventa sofferenza dell'inconscio, che prima o poi cercherà una compensazione nel cibo.

Oltre al camminare, che è il fondamento della nostra attività naturale, privilegio l'attività fisica integrata nella vita quotidiana, quella che deve rappresentare la vostra guardia del corpo nella lotta al sovrappeso.

Come sono arrivato al programma APPSO?

In seguito a 2 eventi.
Il primo è quello di aver osservato, in un'agenzia di viaggi in cui stavo aspettando che arrivasse il mio turno, 3 dipendenti seduti su sedie con rotelle: 2 di questi si spostavano rimanendo seduti e percorrevano anche 2 o 3 metri per cercare dossier o stampare biglietti, mentre il terzo preferiva alzarsi e, coincidenza, era l'unico snello.
Il secondo è legato al trattamento di un paziente che in seguito è diventato mio amico. Quando l'ho conosciuto pesava 230 chili. Arrivato a 140, ha deciso di smettere di fumare e ha continuato a perdere peso. Stavo per stabilizzarlo, ma lui desiderava perdere altro peso. Gli ho prescritto 45 minuti di camminata al giorno come se si fosse trattato di un farmaco. Nonostante gli impegni legati alla professione di dirigente e la sua riluttanza, lo ha fatto. Oggi pesa 100 chili.

- **Dimenticate l'ascensore**

Una donna tra i 30 e i 40 anni che si lamenta, entrando nel mio studio, di aver fatto quattro piani di scale a piedi perché l'ascensore era guasto, è una donna che ha «perso» il suo corpo. 5 gradini (andata e ritorno) sono 1 caloria consumata; 4 piani due volte al giorno sono 1.400 calorie consumate in un anno e quasi 2 chili di grasso in meno sulla bilancia.

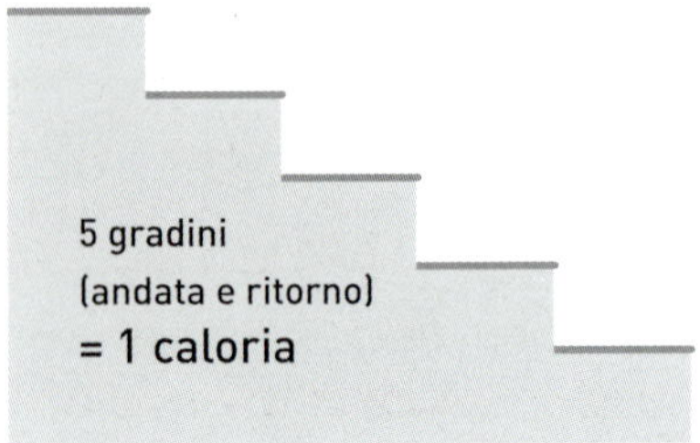

- **Pensate ai piccoli compiti quotidiani**

> Passate l'aspirapolvere senza risparmiarvi nello sforzo. Fatelo come se vi esercitaste in una palestra dove pagate per mettere in azione le attrezzature per il fitness.
> Fate la spesa a piedi e siatene orgogliosi.
> Portate fuori il cane.
> Fate il letto, ma fatelo bene. Non piegate la schiena forzando la zona lombare, ma piegate le ginocchia per abbassarvi.
> Non abbiate paura di trasportare qualunque oggetto o pacco.
> Per pulire il pavimento, non piegate la schiena, ma le ginocchia.
> Fate giardinaggio! È un ottimo metodo per bruciare calorie.

Il re degli esercizi

Questo esercizio, che fa lavorare le gambe, le spalle e i dorsali, è da eseguire nel proprio letto due volte al giorno: al risveglio e prima di addormentarvi.

- Posizionate contro il muro, all'altezza della testata del vostro letto, un cuscino cilindrico e un cuscino tradizionale inclinato posato su quello cilindrico, che formi un piano inclinato di 45°.
- Allungatevi a partire dalla posizione seduta, in modo che il vostro tronco segua la stessa inclinazione del cuscino. Piegate le ginocchia più o meno a 90°.

- Ritornate in posizione verticale e poi scendete di nuovo fino a toccare il cuscino; ripetete questo movimento da 10 a 30 volte.
- Appena sentirete lavorare gli addominali, modificate il movimento. Ritornate alla posizione di partenza sollevandovi non più con gli addominali, ma solo con le braccia. Il vantaggio è di lasciar riposare il vostro addome per far lavorare le braccia, e questo vi permette di continuare a eseguire l'esercizio senza affaticarvi. Quando i bicipiti si saranno scaldati, potete tornare a far lavorare gli addominali.
- Iniziate con 15 ripetizioni al mattino e 15 alla sera. L'obiettivo, molto facile da raggiungere, è di arrivare, dopo qualche giorno o settimana, a fare 200 movimenti al mattino e 200 la sera per una seduta che dura solo qualche minuto.

Per quale motivo ho definito questo esercizio il «re»?

Perché mette in movimento la circonferenza addominale che tende a rilassarsi naturalmente con l'età, sia nell'uomo sia nella donna. Fa inoltre lavorare i muscoli delle braccia, primi indicatori del cedimento cutaneo. Sollecita poi le gambe, le spalle e i dorsali. E si pratica a letto. Allora, se dovete fare un solo movimento, che sia quello!

Specialmente in inverno!

Camminando a una temperatura vicina a 0 °C consumerete il 25% di calorie in più. Uscite sufficientemente coperti, ma non troppo. Giusto per non avere freddo o rischiare di compromettere la salute.

MENU TIPO DELLA FASE 2 (CROCIERA)

	LUNEDÌ (PV)	MARTEDÌ (PP)	MERCOLEDÌ (PV)
Colazione	> Bevanda calda > Formaggio fresco (allo 0-5% di grassi) > Crêpe alla crusca d'avena (*vedi* p. 44)	> Bevanda calda > Latte scremato > 30 g di pepite di crusca d'avena Dukan al caramello	> Bevanda calda > Formaggio magro tipo ricotta (allo 0-5% di grassi) > 1 crêpe alla crusca d'avena (*vedi* p. 44)
Pranzo	> Insalata di spinaci e funghi con pesce a piacere (cozze, molluschi...) > Vongole mediterranee (*vedi* p. 190) oppure pesce al vapore > Composta di rabarbaro (*vedi* p. 234)	> Bastoncini di surimi > Scaloppine di pollo alle erbe aromatiche > Cheesecake Dukan*	> Verdure grigliate > Coniglio alla senape con indivia stufata (*vedi* p. 194) > Composta di rabarbaro (*vedi* p. 234)
Spuntino	> Yogurt magro (allo 0% di grassi) alla vaniglia	> Formaggio magro (allo 0-5% di grassi)	> Fettine di formaggio magro (allo 0-5% di grassi)
Cena	> Gamberetti con pomodorini > Vitello con finocchi e carote (*vedi* p. 198) > Yogurt magro (allo 0% di grassi)	> Cozze marinate > Fettine di vitello al limone > Shirataki di Konjac con salsa leggera alla citronella > Mousse leggera al pistacchio (*vedi* p. 230)	> Fesa di tacchino con broccoli > Merluzzo affumicato cotto nel latte con crauti al naturale > Crema al formaggio (*vedi* p. 240)

* Per la Cheesecake Dukan procedete così: mescolate con una frusta 5 cucchiai di formaggio magro con 2 cucchiai di maizena, 2 tuorli, 2 cucchiai di succo di limone e 3 cucchiai di dolcificante sintetico. Montate gli albumi a neve e incorporateli delicatamente al composto. Versate in uno stampo da soufflé e cuocete per 12 minuti nel forno a microonde a potenza media. Servite freddo.

Alternare 1 PP (proteine pure) / 1 PV (proteine + verdure) + 2 cucchiai di crusca d'avena al giorno.

GIOVEDÌ (PP)	**VENERDÌ** (PV)	**SABATO** (PP)	**DOMENICA** (PV)
> Bevanda calda > Budino alla vaniglia > Prosciutto sgrassato	> Bevanda calda > Omelette agli albumi con pomodori e cetrioli > Fesa di tacchino arrosto sgrassata	> Bevanda calda > Formaggio magro (allo 0-5% di grassi) > Bresaola	> Bevanda calda > Formaggio magro (allo 0-5% di grassi) > 1 fetta di pan di spezie (*vedi* p. 238)
> Gamberetti con maionese Dukan > Medaglioni di sogliola e salmone (*vedi* p. 192) con Shirataki di Konjac > Granita di tè al bergamotto	> Insalata di cetrioli e ravanelli > Manzo ai peperoni (*vedi* p. 212) > Yogurt (allo 0% di grassi) naturale oppure aromatizzato senza zucchero con 2 cucchiai di crusca	> Uova mimosa > Capesante stufate con spuma alla vaniglia (*vedi* p. 146) > Shirataki di Konjac > Mousse al caffè e mandorla	> Insalata di carote cotte profumate con cumino e aglio > Medaglioni di manzo con verdure al forno > Gelato di yogurt magro con composta al rabarbaro fatta in casa
> 2 biscotti alla crusca d'avena aromatizzati al cocco Dukan	> Formaggio magro tipo petit suisse (allo 0-5% di grassi)	> Porridge con latte scremato e 1 cucchiaio e mezzo di crusca d'avena	> 1 biscotto alla crusca d'avena
> Proteine vegetali > Torta salata di tofu affumicato > Spiedini di seitan marinato > Crema al tofu e cacao (*vedi* p. 232)	> Insalata di indivia con salsa al formaggio magro all'aroma di noci e roquefort > Pizza Dukan 4 stagioni al tonno** > Panna cotta preparata con agar-agar allo zenzero e composta di rabarbaro (*vedi* p. 234)	> Involtini di prosciutto e formaggio magro (allo 0-5% di grassi) > Pollo arrosto > Rotolini al Grand Marnier (*vedi* p. 244)	> Salmone affumicato > Filetti di sogliola al dragoncello con spinaci > Soufflé ghiacciato al cioccolato (*vedi* p. 228)

** Per la Pizza Dukan al tonno procedete così: scolate 1 scatola di polpa di pomodoro. In una padella antiaderente leggermente oliata (e asciugata con carta da cucina) rosolate 1 cipolla tritata, aggiungete la polpa di pomodoro, un po' di timo, origano e basilico tritati, pepe e sale e mescolate. Cuocete a fuoco dolce per 10 minuti. Sgocciolate e sminuzzate 180 g di tonno e mettetelo da parte. Versate la salsa di pomodoro su una crêpe alla crusca d'avena (*vedi* p. 44), aggiungete il tonno, 2 cucchiai di capperi e il formaggio magro (a pasta molle). Infornate per 25 minuti a 175 °C.

La mia dieta nella vita quotidiana (fase 2)

La fase 2 di crociera è più semplice da gestire in società, perché gli alimenti che potete consumare sono più numerosi, ma è ugualmente impegnativa, perché le tentazioni sono più forti e aumenta il rischio di eccessi.

In famiglia

Se avete bambini, preparate i cereali e i farinacei a parte: pasta, riso o patate. Cucinate le vostre verdure al vapore e tenetene una parte per voi. Potete eventualmente farle saltare in padella successivamente per renderle più gustose. Se non avete tempo, ecco una piccola astuzia per evitare di dover preparare 10 piatti diversi: portate in tavola le verdure al vapore per tutti, e proponete un olio extravergine d'oliva (ricco di omega 3) come condimento. I bambini adorano i broccoli o i piselli insaporiti con olio di noce. Quanto a voi, consumate le vostre verdure senza olio, avendo cura di mettere in tavola le spezie che preferite così da renderle appetitose.

Con l'aperitivo

Se avete invitati, la scelta è più ampia rispetto alla fase 1: riempite le vostre ciotole per l'aperitivo con verdure da sgranocchiare e pomodorini ciliegia. Potrete così piluccare senza problemi. Tra surimi, dadini di prosciutto, gamberetti e verdure, le opzioni non mancano. Anche in questo caso, però, il pericolo può arrivare dai condimenti, soprattutto se siete invitati. Le verdure sono già condite? Andate oltre. E, ovviamente, evitate di intingerle nelle salse servite a parte. Infine, se siete invitati da un amico che è goloso di torte salate, salatini e dolcetti, cercate di riempire lo stomaco prima di partire con un uovo sodo o qualche bastoncino di surimi, e non dimenticate la tattica del bicchiere in mano: riempitelo di acqua gassata e controllate che resti pieno. Eviteranno di servirvi, contro la vostra volontà, degli alcolici! Inoltre, il fatto di avere le mani impegnate terrà lontano chiunque voglia offrirvi salatini.

Al ristorante

Potete scegliere dal menu spaziando tra carne, pesce e verdure verdi. Interrogate sempre il cameriere: come sono cucinati i fagiolini? Se sono conditi, optate per l'insalata verde e chiedete la salsa a parte. Potete anche portare con voi un po' di salsa vinaigrette alla vaselina per condire da soli il vostro piatto. Altrimenti, mescolate dei pezzi di carne con la verdura, in modo che non risulti troppo insipida. Se il servizio è lento, potete sgranocchiare, nell'attesa, dei cetriolini sottaceto. Allontanate il cesto del pane (vietato!). Se amate la senape, potete metterne un po' sul bordo del piatto: il suo sapore acido vi aiuterà a tenere a bada l'appetito mentre aspettate.

Domande – Risposte

In fase di crociera sono concessi gli yogurt magri allo 0% ma con frutta?

→ Gli yogurt naturali allo 0% di grassi sono autorizzati senza alcuna restrizione. Anche gli yogurt allo 0% «aromatizzati» sono permessi fino a un massimo di 2 al giorno. Per quanto riguarda quelli con pezzi di frutta o composta di frutta, la risposta è sempre positiva, ma a condizione che siano senza zucchero e allo 0% di grassi. Questa tolleranza è valida quando il peso si riduce secondo le attese. In caso contrario, non superate la quantità di 1 yogurt alla frutta al giorno. In caso di stagnazione, sospendeteli del tutto.

È possibile consumare quotidianamente carote e barbabietole?

→ Carote e barbabietole sono considerate verdure dolci, ed effettivamente lo sono. Comunque non contengono così tanto zucchero come si pensa. Si tratta però di carboidrati a rapido assorbimento, specialmente le carote quando sono cotte.

→ Evitate queste due verdure se avete paura di consumarne troppe o troppo sovente e se sono già condite, come contorno di piatti pronti.

In fase di crociera si ha diritto alla senape? E in quale quantità?

→ La senape di Digione forte o normale si può usare senza restrizioni. Inoltre si presta a essere mescolata all'aceto balsamico.

→ Evitate però i mix già pronti, che sono troppo zuccherati. Se soffrite di ritenzione idrica non abusatene, perché contiene sale.

Ho introdotto le verdure e la mia perdita di peso si è rallentata: ingrasserò di nuovo?

→ È normale che la vostra perdita di peso abbia subito un rallentamento, ma state sereni, non riprenderete peso. In fase 1 le proteine pure permettono una perdita rapida di grasso e acqua. È una dieta idrofuga: le proteine scacciano l'acqua. Quando aggiungete le verdure, aggiungete acqua e sali minerali e la dieta diventa meno idrofuga. Continuerete a dimagrire, ma più lentamente, poiché l'acqua che avete eliminato in parte ritorna e questo dà la sensazione che la perdita di massa grassa sia rallentata. Sulla bilancia avrete l'impressione di avere uno stallo, ma non è che un'impressione.

→ Tuttavia, l'alternanza permette al regime di essere efficace. Appena mangiate proteine pure la perdita di peso riparte. E, soprattutto, non scoraggiatevi se la bilancia si blocca, poiché ogni minimo scarto alimentare toglie equilibrio al sistema portando così a effettive stagnazioni.

Bilancio della fase 2

Perdete peso per stadi

Nel corso della fase 2 il vostro organismo passa con rapidità alla fase di crociera: dimagrirete meno velocemente rispetto alla fase 1, ma passo dopo passo perderete il peso desiderato. Nel corso dei primi 2 mesi smaltirete, a poco a poco, da 8 a 10 chili. Il motivo per cui dimagrirete a stadi sta nell'introduzione delle verdure e della quantità d'acqua che apportano. Non dovete assolutamente scoraggiarvi di fronte al rallentamento del ritmo di dimagrimento: è normale. Se poi siete in menopausa, al termine del ciclo mestruale, o se avete già sperimentato altre diete prima di questa, il vostro organismo può fare particolare resistenza alla perdita di peso. Non gettate la spugna: sarà lui alla fine a cedere. E ricordate che camminare (1 ora al giorno per 3 giorni) è il miglior modo per aiutarvi a superare questo ostacolo.

E se sentite che la vostra motivazione diminuisce...

Dopo l'euforia della fase 1, nella quale avete perso velocemente molti chili, scoprirete che la fase 2 è molto più lenta. Questo può essere un motivo di scoraggiamento. Bisogna quindi continuare a ripetersi che seguendo le indicazioni in modo corretto, si otterrà un dimagrimento duraturo e stabile sul lungo termine.

Il tempo non è vostro nemico se non dimenticate che l'obiettivo è quello di imparare a mantenere nel tempo il peso raggiunto.

Per riuscire in questa tappa concentratevi sulle indicazioni più che sul peso. Ricopiate la lista delle verdure concesse, fate la spesa in anticipo per evitare che vi manchi qualcosa, preparate le salse adattandole alle vostre esigenze per evitare che le calorie extra si insinuino nel menu. Siate attenti e annotate in modo preciso tutto ciò che avete consumato nella giornata: il vostro controllo vi ripagherà. Ripetetevi che più la lista degli alimenti autorizzati si allunga, più grandi sono le tentazioni e più sono vicine le possibilità che il regime fallisca. Siate ancora più vigili di quanto eravate nella fase 1. E soprattutto, anche se non siete abituati a farlo, provate a cucinare, sia per ridurre la frustrazione di stare a dieta, sia per consolidare le nuove abitudini in cucina.

Avete sgarrato

E allora? Se avete «compromesso» la giornata, aggiungete una mezz'ora di marcia al vostro schema quotidiano e consumate solo proteine il giorno successivo allo sgarro, e tutto andrà a posto. Non pensateci più e non colpevolizzatevi.

Avete abbandonato il programma... nulla è perduto

Fate un respiro profondo e riprendete il cammino con me. Non vi abbandono sul bordo della strada. Se avete mollato il programma, una ragione c'è. Normalmente può essere una difficoltà, uno stress importante, un piccolo fallimento, una perdita di motivazione. La sola cosa che conta è non battere in ritirata e perdere i benefici acquisiti, il frutto dei vostri sforzi. Dipende solo da voi mantenere tali risultati. Per questa ragione, se proprio dovete abbandonare il programma, fatelo nel modo migliore, e cioè passando immediatamente alla fase 3 di consolidamento, rispettando le indicazioni della durata di 10 giorni per chilo perso. Poi passate alla stabilizzazione. E appena tornerà la motivazione, sarete fieri di non aver mollato e sarete pronti a ripartire per arrivare all'obiettivo stabilito.

La fase di crociera in breve...

Mantenete nel menu le proteine autorizzate nella lista della fase 1 (*vedi* p. 40).

E aggiungete ai vostri menu le verdure fresche.

Pomodori, cetrioli, ravanelli, spinaci, asparagi, porri, fagiolini, cavoli, funghi, sedano, finocchi, tutti i tipi di insalata compresa l'indivia, bietole, melanzane, zucchine, peperoni, e anche carote e barbabietole, a condizione di non consumarne a ogni pasto.

Come per le proteine le verdure si possono consumare a volontà.

Diffidate delle salse per insalata; tutti i tipi di olio (escluso quello di vaselina e, con moderazione, quello d'oliva) sono vietati.

Dovete camminare 30 minuti al giorno
e fare vostro il «re» degli esercizi.
Se vi trovate in un momento di stagnazione,
passate a 1 ora di camminata per 3 giorni.

L'alternanza.

In fase di crociera alternate periodi di proteine e verdure a periodi di proteine pure fino al raggiungimento del vostro Giusto Peso.

Scegliete un ritmo di alternanza e mantenetelo.

1 giornata di proteine pure e 1 di proteine e verdure, oppure 5 giorni di proteine pure e 5 giorni di proteine e verdure. Se non avete troppo peso da perdere, potete optare per l'alternanza 2 giorni di proteine pure e 5 giorni di proteine e verdure o, in caso di cellulite localizzata, 2 giorni di proteine pure alla settimana soltanto e 5 giorni di alimentazione normale.

Continuate a consumare 2 cucchiai di crusca d'avena al giorno (e 1 cucchiaio di crusca di grano se necessario).

Fase 3:
il consolidamento

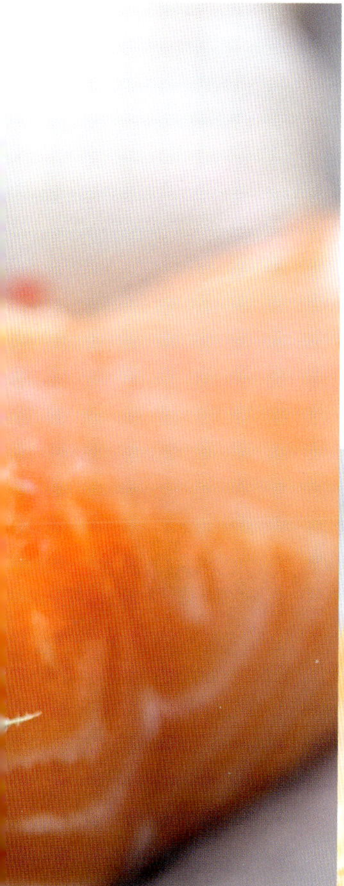

Una volta raggiunto il Giusto Peso, procedete con la fase di consolidamento, che è un passaggio obbligato tra la dieta e la non dieta.

Gli obiettivi della fase 3

La Scala Nutrizionale: reimparare a mangiare per non ingrassare più, percorrendo i 7 gradini di reintroduzione degli alimenti

La Scala Nutrizionale è uno dei concetti chiave del metodo Dukan. Per tutta la durata di questa fase, chi ha appena raggiunto il suo Giusto Peso reintroduce gli alimenti imparando a conoscerne il valore e l'importanza per la difesa del peso conquistato.
La Scala Nutrizionale è composta da 7 gradini, che vanno dagli alimenti fondamentali per l'esistenza ai cibi che danno il massimo piacere. Percorriamoli insieme.

- **Primo gradino: le proteine**

È con le proteine che tutto è iniziato durante la fase d'attacco. Sono VITALI.

- **Secondo gradino: le verdure**

Non sono vitali, ma ESSENZIALI, perché ricche di vitamine, micronutrienti, fibre e molto povere di calorie.

- **Terzo gradino: la frutta**

Non è né vitale, né essenziale, ma IMPORTANTE.

- **Quarto gradino: il pane**

È UTILE ed energetico.

- **Quinto gradino: il formaggio**

Dà PIACERE e NUTRIMENTO.

- **Sesto gradino: gli amidi**

Sono ENERGETICI.

- **Settimo gradino: i pasti della festa**

Sono PURO PIACERE.

Questi 7 gradini vi permettono di comprendere l'importanza delle grandi famiglie di alimenti. Questa comprensione non è teorica ma pratica, concreta e vissuta in prima persona, prima per dimagrire e poi per stabilizzare il peso. Memorizzate questa scala, perché è lo strumento che vi darà i riferimenti necessari per non ingrassare più.
Mentalmente, chi ha utilizzato questa scala per le prime 3 fasi (attacco, crociera e consolidamento) può collocarsi su ciascuno di questi gradini conoscendo esattamente la sua posizione nell'ordine di importanza degli alimenti. Più il gradino è basso, più l'alimento è importante nel controllo del peso, e questo principio gli fornisce dei riferimenti fondamentali per la sua stabilizzazione. Così, stando solo sul primo gradino, dimagrisce in modo folgorante, raggiungendo il secondo dimagrisce in modo regolare, sul terzo e il quarto si alleggerisce soltanto, e dal quinto al settimo l'impatto è molto più soft e ha effetto nel tempo.

Perché si verifica l'effetto rimbalzo?

Il vostro corpo reagisce al saccheggio delle sue riserve riducendo progressivamente i suoi consumi energetici e soprattutto intensificando il più possibile il rendimento e l'assimilazione, e quindi il profitto di tutti gli alimenti consumati. Siete dunque seduti su un vulcano e il vostro corpo aspetta solo il momento propizio per rifarsi delle riserve perse. Un pasto abbondante, che avrebbe avuto conseguenze minime prima di iniziare la dieta, avrà effetti pesanti a fine programma.

Un consolidamento di 10 giorni per chilo perso

Consoliderete il peso raggiunto restando in questa fase per un periodo pari a 10 giorni per ogni chilo perso. Quindi, se avete perso 5 chili, dovrete restare in questa fase per 50 giorni; se ne avete persi 30, dovrete rimanervi per 300 giorni. Ma non preoccupatevi: anche se quello del consolidamento è un momento delicato, vi dà ampio accesso a tutti gli alimenti utili e necessari, nonché a momenti di puro piacere, come i due pasti della festa a settimana.

Una fase di transizione fondamentale

Durante le prime 2 fasi, d'attacco e poi di crociera, siete dimagriti e il vostro corpo si è battuto per mantenere le sue riserve, ma ha perso la partita. Durante questo periodo di lotta ha sviluppato una duplice reazione, che dovreste aver avvertito: profitto + economia.

- **Profitto maggiorato**: più dimagrite, più il vostro corpo aumenta il profitto che prende da ogni particella di alimento. Nello stadio in cui vi trovate questo profitto si avvicina al 100%.

• **Economia rafforzata**: più dimagrite, più il vostro corpo cerca di ridurre i propri consumi metabolici, ormonali, digestivi, energetici. Di conseguenza è di estrema importanza non fornire al corpo avido e in economia alimenti troppo ricchi, dai quali otterrebbe un profitto estremo.

Una lotta contro l'effetto rimbalzo

Fortunatamente per voi, questa tendenza all'estrema reattività si attenuerà progressivamente quando il vostro corpo percepirà che cominciate ad alimentarlo in maniera più completa, varia ed energetica. In questo periodo di tempo siete vulnerabili: con l'esperienza ho potuto calcolare la durata di questa vulnerabilità, che è proporzionale all'entità del peso perso.

Durata del consolidamento: 10 giorni per ogni chilo perso. È molto semplice: se avete perso 5 chili il vostro consolidamento dovrà durare 50 giorni, per 10 chili sarà di 100 giorni.

Quanto dura l'effetto rimbalzo?

L'effetto rimbalzo dura per tutta la fase di consolidamento, cioè 10 giorni per chilo perso. Se queste indicazioni sono interpretate in modo elastico, magari sull'onda dell'euforia che scaturisce dalla vittoria contro i chili ormai persi, c'è il rischio di compromettere i risultati: questa precisa indicazione temporale (10 giorni per ogni chilo perso) va seguita alla lettera.

Le regole della fase 3

Durante tutta la fase di consolidamento del peso seguite in maniera più scrupolosa possibile le indicazioni che seguono.

Durata: 10 giorni per chilo perso

Ricordatevi che un fallimento su due avviene nei primi 3 mesi che seguono il raggiungimento del peso desiderato. Tenete presente che questa fase vi propone un'alimentazione equilibrata, ma non è in alcun modo destinata a farvi perdere peso. Seguire le indicazioni della fase 3 significa assicurarvi il consolidamento del peso raggiunto. Non trascurate nessuna regola, soprattutto quella dei 10 giorni per ogni chilo perso: è questo il tempo necessario al vostro corpo per dimenticare definitivamente il peso di partenza. In questo periodo vi riapproprierete lentamente del vostro corpo e del vostro appetito, gli concederete un po' di libertà, ma solo un poco: siete in libertà vigilata!

La reintroduzione di alimenti proibiti, ma in quantità ben precise

Oltre alle proteine e alle verdure della fase 2, sono ora autorizzati il pane, la frutta, il formaggio e alcuni amidacei. È anche possibile concedersi alcuni piatti o alimenti golosi. Ma attenzione: dovete rispettare un rigoroso ordine di introduzione di questi cibi, e un insieme di indicazioni ben precise per evitare qualsiasi sgarro.

Le due parti della fase di consolidamento

Per non correre il rischio di una reintroduzione che per alcuni può rivelarsi troppo rapida, questa fase si divide in 2 parti uguali (per esempio, per 100 giorni di consolidamento, 50 giorni sono destinati alla prima parte e 50 giorni alla seconda). Nella prima parte sono concessi 1 solo frutto al giorno, 1 solo cibo amidaceo e 1 solo pasto della festa alla settimana. Nella seconda parte si passa a 2 frutti, 2 porzioni di cibi amidacei e 2 pasti della festa.

- **1 porzione di frutta al giorno nella prima parte del consolidamento, 2 porzioni nella seconda parte**

In pratica, tutta la frutta eccetto uva, banana, ciliegie, frutta secca. La frutta è un alimento sano, ricco di vitamine ma anche essenzialmente di zuccheri rapidi. Dunque il suo consumo è da limitare: per il momento non superate 1 porzione al giorno. Il consumo della frutta non è insignificante, ci si dimentica spesso che è ricca di zuccheri facilmente assimilabili. Considerate che 1 porzione equivale a 1 unità: 1 mela, 1 pera, 1 arancia, 1 pompelmo, 1 pesca, 1 pescanoce. Per i frutti piccoli utilizzate come unità di misura 1 coppa: 1 coppa di fragole o di lamponi. Per la frutta molto grande (melone, anguria), consumatene 1 fetta. Per la frutta di taglio medio contate fino a 2: 2 albicocche, 2 prugne…

- **2 fette di pane integrale al giorno**

Consumatelo in qualunque momento della giornata: a colazione, a pranzo come sandwich farcito con affettati magri, o ancora la sera, con la vostra porzione di formaggio. Una porzione corrisponde a 50 g.

- **40 grammi di formaggio stagionato al giorno**

Avete diritto a tutti i formaggi a pasta cotta: il gouda (o l'emmental), la toma, la fontina… Evitate per il momento i formaggi a pasta fermentata come il camembert, il gorgonzola e il formaggio di capra. La porzione concessa corrisponde a 40 g. Per darvi un'idea della misura del pezzo da prendere pesatelo, oppure regolatevi in base alle etichette dei prodotti confezionati. Attenzione: fate in modo di assumere questa porzione in una sola volta, per evitare di sbagliare sulle quantità o di spiluccare fuori pasto.

- **1 porzione di cibi amidacei alla settimana nella prima parte del consolidamento, 2 porzioni nella seconda parte**

> La pasta

È il tipo di amido che meglio si adatta alle necessità del momento poiché la pasta viene prodotta con grano duro, che ha una fibra vegetale piuttosto resistente. Tale resistenza rallenta la digestione. Non dimentichiamo poi che ormai sono in commercio paste prodotte con farina integrale. Inoltre la pasta è apprezzata da tutti e raramente viene associata all'idea di dieta: sarà quindi semplice integrarla nei vostri menu. Cuocetela al dente e fate attenzione ai condimenti: il burro, l'olio, la panna o il formag-

Il cous cous senza aggiunta di grassi

Mettete la semola in un recipiente di terracotta e aggiungete dell'acqua aromatizzata con un dado. Coprite la semola con acqua: il livello dell'acqua deve superarla di almeno 1 centimetro. Lasciate che la semola si gonfi in 20 secondi, poi passate al microonde per 1 minuto. Tirate fuori il piatto e mescolate con una forchetta per evitare che si formino grumi. Passate di nuovo tutto al microonde per 1 minuto, ed è pronto! Servite con carne e verdure.

Mangiate lentamente e pensate a ciò che state mangiando

In questa fase del regime sono reintegrati gli alimenti che danno una sensazione di piacere. Assaporateli! Il fatto di mangiare lentamente diminuirà il vostro appetito: nel giro di 20 minuti sopraggiungerà la sensazione di sazietà. E intanto imparerete ad apprezzare tutti questi sapori finora vietati. Abituatevi a prendervi il vostro tempo, soprattutto se eravate soliti, prima di intraprendere la dieta, gettarvi sul cibo.

gio raddoppiano il valore calorico della pasta. Prendetene una porzione giusta (220 g di pasta cotta) e scegliete un condimento leggero, come una salsa di pomodoro fresco con qualche cipolla e aromi.

> Il cous cous, la polenta, il bulgur e i chicchi di grano interi

Sono concessi nella dose di 220 g (cotti).

> Il riso integrale

Anche questo alimento può essere interessante, sempre nella dose di 220 g (cotto). Il riso bianco e le patate sono, tra i carboidrati, quelli a più rapido assorbimento: non consumatene più di 125 g.

> Le lenticchie

Contengono glucidi a lento assorbimento, sono molto sazianti e ricche in ferro. Avete diritto a una porzione da 220 g (cotte). Non aggiungete grassi.

Fagioli nani, piselli secchi e in scatola sono autorizzati nelle stesse proporzioni e sempre senza l'aggiunta di grassi.

- **1 porzione di cosciotto d'agnello e di arrosto di maiale magro alla settimana**

Evitate come la peste la prima fetta di cosciotto, che è troppo grassa, e lo strato più esterno, che se troppo cotto è cancerogeno. Per l'arrosto di maiale privilegiate i tagli magri come il petto ed evitate la schiena, perché è molto più grassa. Potete consumare il prosciutto cotto, ma il prosciutto crudo tradizionale, e quindi più grasso, resta ancora vietato.

1 pasto della festa a settimana nella prima parte del consolidamento, 2 nella seconda parte

Una volta e poi due volte alla settimana, avrete diritto a consumare un pasto in totale libertà, senza preoccuparvi degli alimenti autorizzati o meno. Ma ricordate che si tratta di 1 e poi di 2 pasti a settimana, e non di 1 e poi 2 giorni a settimana. Spesso i miei pazienti si confondono... Un pasto della festa è composto da 1 antipasto a vostra scelta (a patto che non sia un pezzo di fegato grasso), 1 portata principale (eccetto lo stufato di maiale), 1 dessert (eccetto i dolci ricchi di burro come la tarte tatin) e 1 bicchiere di vino. Ma attenzione! Questa concessione deve sottostare a una regola importante: non potete servirvi due volte della stessa portata. Tutto si consuma e si beve in una sola volta. Inoltre, non potete fare due pasti di gala successivi. Lasciate passare almeno un giorno affinché il vostro organismo abbia il tempo di metabolizzare quello che è in eccesso.

1 giorno di proteine pure alla settimana

Questa giornata di proteine pure sarà la garanzia che non riprenderete il peso perso. Avrete dunque diritto alle sole proteine della fase d'attacco (*vedi* p. 40) senza limiti di quantità ed escludendo gli alimenti tollerati. Ancora un piccolo sforzo: è la sola costrizione in questa fase di consolidamento. Se possibile mantenete il giovedì come giornata di proteine pure. **E la crusca d'avena? Ormai potete passare a 2 cucchiai e mezzo al giorno.**

Che cosa mangiare nella fase 3?

Il vostro ventaglio di alimenti autorizzati finalmente si apre! Ritroverete con piacere cibi che non mangiavate da molto tempo. Ovviamente avete diritto alle proteine della fase 1 (*vedi* p. 40) e anche alle verdure reintrodotte nella fase 2 (*vedi* p. 69). In più, potete aggiungere i seguenti alimenti rispettando la frequenza e le quantità indicate. Potrete inoltre consumare i cibi «vietati» durante i vostri pasti della festa.

Frutta (1 porzione e poi 2 porzioni al giorno)

Autorizzata	**Vietata**
Albicocca	Anacardi
Anguria	Arachidi
Arancia	Banane
Clementina	Ciliegie
Fragole	Mandorle
Lamponi	Nocciole
Mela	Noci
Melone	Pistacchi
More	Uva
Pera	
Pesca	
Pescanoce	
Pompelmo	
Prugna	

Pane (2 fette al giorno)

Autorizzato	**Vietato**
Pane di crusca	Pane bianco
Pane integrale	Pane grattugiato

Konjac

Autorizzato

Shirataki di Konjac

Crusca d'avena e di grano

Autorizzata

1 cucchiaio di crusca di grano (facoltativo)

2 cucchiai e mezzo di crusca d'avena

Formaggio (1 porzione al giorno)

Autorizzato	**Vietato**
Bra duro	Brie
Caciotta	Camembert
Edam	Formaggio di capra
Emmental	Gorgonzola
Fontina	
Formaggini (a pasta dura)	
Gouda	
Parmigiano	
Piave vecchio	
Toma	

Amidi (1 porzione e poi 2 porzioni alla settimana)

Autorizzati	**Vietati**
Bulgur	Chips
Fagioli bianchi e rossi	Patate fritte
Fagioli nani	Patate saltate in padella
Grano precotto	
Lenticchie	
Pasta	
Patate	
Piselli	
Piselli secchi	
Polenta	
Riso bianco	
Riso integrale	
Semola di grano	

Carni (*vedi* lista a p. 40 alla quale si aggiungono quelle riportate di seguito)

Autorizzate	**Vietate**
Cosciotto di agnello	Grasso del prosciutto
Filetto di maiale	Pezzi grassi di agnello (prima fetta)
Prosciutto cotto	Prosciutto crudo con il grasso
	Schiena di maiale

Gestire bene i pasti della festa

Da 1 a 2 volte alla settimana avete la possibilità di fare il pasto che volete in completa libertà. Attenzione: non si tratta di 1 «giornata di festa», ma di un «pasto della festa». Durante questi 2 pasti avrete il permesso di mangiare qualunque tipo di alimento, e in particolare quelli che vi sono mancati di più nel corso delle prime 2 fasi della dieta.

Organizzatevi

Il pasto della festa si può consumare in occasione di 1 dei 2 pasti principali della giornata, dando preferenza alla cena: avrete così tutto il tempo di godervelo e di evitare situazioni stressanti che non vi permetterebbero di apprezzarlo appieno.
Programmate la vostra settimana: se mangerete fuori, o se riceverete amici nel week end, consumate il vostro pasto libero durante questi giorni. Nella seconda parte del consolidamento fate in modo che questi 2 pasti non siano troppo ravvicinati.

Due condizioni

Avete diritto a tutto, ma:

- non dovete servirvi 2 volte della stessa portata;
- non dovete mai consumare 2 pasti della festa uno dopo l'altro.

Inserite sistematicamente tra i 2 pasti di gala un pasto della fase 3. Se per esempio avete scelto il martedì a mezzogiorno per il primo pasto libero, non fate il secondo il martedì sera.

Avete diritto a tutto, ma una sola volta

- Un antipasto
- Una portata principale
- Un dessert o del formaggio
- Un bicchiere di vino

Crauti? Paella? Torta al cioccolato? Il menu è libero, ma le porzioni devono essere singole.

Attenzione all'aperitivo: se avete bevuto un prosecco chiacchierando, non avete diritto a un altro bicchiere di vino durante il pasto.

Siate in grado di «richiudere la porta» dopo un pasto della festa

Contrariamente a quanto si potrebbe pensare, il rischio legato a questi due momenti di piacere non sta nel pasto libero, ma in quello successivo. Infatti, con un pasto della festa aprite la porta alla libertà e il gusto si siede di nuovo al vostro tavolo. Le difficoltà sopraggiungono spesso nel corso del pasto successivo, di nuovo all'insegna della restrizione. La cosa più semplice è ricordare questa considerazione, annotarla sull'agenda per il giorno seguente e tornare senza problemi alla fase di consolidamento.

Regalatevi piacere!

Questi menu liberi vi educano al piacere. Se prima di intraprendere questa dieta avevate l'abitudine di sgranocchiare senza regole davanti alla televisione o di gettarvi a capofitto su un piattone di pasta, questi due momenti sono stati inseriti per insegnarvi un'altra forma di piacere. Assaporate, masticate lentamente, prendetevi il vostro tempo e pensate a quello che mangiate. Il piacere e l'ingordigia sono due modi diversi di gustare il cibo. In queste occasioni intendiamo aprire la porta al piacere, e non assumere gli alimenti in modo sregolato. Sul lungo termine un modo compulsivo di nutrirsi mette fortemente a rischio i risultati del vostro programma.

Due astuzie per evitare di servirsi due volte

- Anche a casa, fate come al ristorante, dove vi portano un piatto completo e non chiedete di portarvene un altro. Fate lo stesso: riempite il vostro piatto, ma non servitevi un'altra volta.
- Potete preparare dei piatti individuali già pronti evitando di portare il piatto di portata in tavola per non essere tentati.

Il giovedì di proteine pure

Nel corso di questa giornata consumerete unicamente le proteine più pure possibili, come se vi trovaste nella fase 1 della dieta. La lista degli alimenti concessi è quindi quella della fase 1 (*vedi* p. 40)

Perché scegliere il giovedì?

Ho scelto il giovedì in maniera arbitraria. Se il giovedì non vi è comodo, per esempio perché nella vostra giornata lavorativa consumare proteine pure rischia di essere difficile, potete scegliere un altro giorno, ma attenzione: fissatevi un giorno tassativo e non deviate dalla regola. Se il vostro giorno di proteine pure diventa oscillante, tutta la fase di consolidamento sarà messa in pericolo.

E se non ho potuto rispettare il mio giovedì di proteine pure?

Può succedere che il giovedì proteico sia impossibile da mettere in pratica nel corso di una settimana particolare, ma non deve diventare un'abitudine. In questo caso, recuperate il giorno seguente. Ma sappiate che tra spostare e abbandonare, il passo è breve. Un'altra soluzione può essere di anticipare il problema: se vedete che sulla vostra agenda il giovedì è pieno di impegni o è prevista una cena con amici, programmate la vostra giornata di proteine il mercoledì. Così riuscirete a gestire in modo efficace il programma. Ma ancora una volta, ricordate che il vostro organismo adora le abitudini e odia gli imprevisti. Più il vostro modo di alimentarvi è regolare nel corso della settimana, minori saranno le possibilità di cadere nel famoso effetto rimbalzo di cui abbiamo parlato a p. 91.

Perché è indispensabile questa giornata?

La fase di consolidamento è una fase delicata. L'effetto rimbalzo può arrivare in qualunque momento, che potrà essere più o meno lungo a seconda di quanti chili avete perso. Questa giornata di proteine agisce come uno scudo contro l'effetto rimbalzo e vi aiuta a stabilizzare il vostro peso. Non è assolutamente negoziabile. Non dimenticate che questo periodo di consolidamento è una fase in cui il vostro organismo è particolarmente recettivo. Al minimo passo falso, il rimbalzo arriverà. Il giovedì di proteine pure è una sicurezza.

Il giovedì, un'abitudine per tutta la vita

Tanto vale farsene subito una ragione: come vedremo in fase di stabilizzazione, il giovedì proteico è la prima regola non negoziabile che dovrete mantenere per sempre quando chiuderete questo libro e concluderete questa dieta. Siete stati in sovrappeso e il vostro corpo se lo ricorda. Diciamo che al momento il vostro organismo è in «libertà vigilata». In fase di stabilizzazione ritroverete la spontaneità alimentare, ma non dovrete mai dimenticare che il vostro corpo, durante un periodo della vostra vita, è stato in sovrappeso. Questo giovedì sarà la vostra protezione e vi impedirà di recuperare peso mangiando come chiunque altro per 6 giorni alla settimana. Da ora in poi, considerate questo giovedì come un grande amico che vi accompagnerà per il resto della vita, a patto che non l'abbandoniate mai.

Pensate al pesce!

Il pesce è meno calorico della carne. In effetti i tipi magri (sogliola, platessa, merluzzo, razza) non raggiungono le 100 calorie per 100 g di prodotto, mentre la parte più magra del manzo ne fornisce 160. Quanto ai pesci più grassi come il salmone e lo sgombro, non superano le 200 calorie, mentre la carne grassa ne fornisce circa 340, e certi pezzi di maiale possono arrivare a 480. Quindi, il pesce più grasso è ancora meno calorico di una bistecca di manzo. Il pesce è pertanto raccomandato nelle diete a condizione di evitare la frittura, che alza notevolmente l'apporto calorico.

MENU TIPO DELLA FASE 3 (CONSOLIDAMENTO, PRIMA PARTE)

	LUNEDÌ	MARTEDÌ	MERCOLEDÌ
Colazione	> Bevanda calda > 2 fette di pane integrale con 2 cucchiai di crema spalmabile Dieta Dukan*	> Bevanda calda > 45 g di pepite di crusca d'avena Dukan al caramello > Latte scremato > 40 g di formaggio (parmigiano o edam)	> Bevanda calda > 2 fette di pane alla crusca > Formaggio magro (allo 0-5% di grassi)
Pranzo	> Tzatziki > Arrosto di maiale (filetto) oppure cosciotto di agnello, fagiolini > 60 g di formaggio tipo toma (al 10-20% di grassi)	> Insalata di gamberetti > Bistecca grigliata con pomodori alla provenzale al forno > Formaggio magro tipo ricotta (allo 0-5% di grassi)	> Focaccine alla crusca d'avena e tofu > Pomodori farciti di carne > 1 fetta di melone
Spuntino	> Crêpe alla crusca d'avena al cacao magro (*vedi* p. 44)	> 2 fette di pane integrale + 1 vasetto di yogurt magro (allo 0% di grassi) aromatizzato senza zucchero	> 40 g di formaggio olandese
Cena	> Insalata di carote al limone > Lasagne di melanzane al tofu (*vedi* p. 210) > Crème brûlée alla vaniglia e nocciola con fragole (*vedi* p. 248)	> Insalata di finocchi e pomodori > Pollo al latte di cocco con fagiolini e tofu (*vedi* p. 210) > Dessert di soia con polpa di fragole (*vedi* p. 248)	> Mousse al salmone fresco e affumicato > Gamberetti e pollo in salsa di cocco speziato (*vedi* p. 222) > Piccoli budini alla lavanda

* Per preparare la Crema spalmabile Dukan mescolate 1 tuorlo, 1 cucchiaino di cacao magro, 2 cucchiai di dolcificante sintetico in polvere e acqua fino a ottenere un impasto liscio e cremoso.

** Per preparare la Besciamella Dukan procedete così: stemperate a freddo 1/4 di litro di latte scremato e 1 cucchiaio di maizena, poi aggiungete 1 dado magro di carne. Lasciate cuocere per qualche minuto a fuoco lento affinché la salsa si addensi. Aggiungete sale, pepe o noce moscata a piacere.

1 frutto al giorno, 1 cibo amidaceo e 1 pasto della festa alla settimana.
Ricordatevi ogni giorno 2 cucchiai e mezzo di crusca d'avena (inclusi nel menu).

GIOVEDÌ	VENERDÌ	SABATO	DOMENICA
> Bevanda calda > Formaggio magro (allo 0-5% di grassi) > Crêpe alla crusca d'avena (*vedi* p. 44)	> Bevanda calda > 2 fette di pane integrale > Formaggio magro tipo ricotta (allo 0-5% di grassi)	> Bevanda calda > Ricotta magra (allo 0-5% di grassi) > 2 fette di pane integrale > 60 g di formaggio tipo toma di Savoia (al 10-20% di grassi)	> Bevanda calda > 2 fette di pane integrale > Formaggio fresco magro (allo 0-5% di grassi) > 1 uovo alla coque
> Uova strapazzate con crema chantilly e uova di salmone (*vedi* p. 142) > Cosce di pollo arrosto e Shirataki di Konjac in brodo di pollo fatto con un dado sgrassato > 1 yogurt senza zucchero	> Insalata di barbabietole e sedano > Indivia con prosciutto e besciamella Dukan** > 40 g di formaggio (parmigiano o edam)	> Insalata di pomodori > Capesante alla normanna (*vedi* p. 218) e Shirataki di Konjac con salsa al limone e zenzero > Mele al forno con cannella	> Verdure all'aceto di mele > Spaghetti con ragù magro > Pannacotta alla vaniglia con aceto balsamico e lamponi (*vedi* p. 256)
> Bastoncini di surimi	> Fettine di pollo sgrassato con pane Dukan***	> Porridge (preparato con 2 cucchiai e mezzo di crusca d'avena)	> 3 biscotti alla crusca d'avena aromatizzati al cocco Dieta Dukan
> Tonno fresco > Merluzzo al forno con limone ed erbe aromatiche > 1 budino alla vaniglia > 1 vasetto di yogurt magro o aromatizzato senza zucchero (allo 0% di grassi)	> Insalata di finocchi e fettine di limone > Zucchine farcite con petto di pollo > Clafoutis di albicocche al pistacchio (*vedi* p. 252)	**Pasto della festa (cena spagnola)** ◊ Prosciutto iberico ◊ Paella (riso allo zafferano, pesce, pollo, verdure) ◊ Crema catalana ◊ 1 bicchiere di sangria	> Bicchierini di mousse di prosciutto e crema di pomodoro (*vedi* p. 168) > Tonno e verdure grigliate > Gelato allo yogurt fatto in casa

*** Il Pane Dukan si prepara in questo modo: mescolate omogeneamente 1 uovo, 1 formaggino magro cremoso tipo petit suisse oppure 250 g di ricotta fresca magra (0-5% di grassi), 1 cucchiaio di maizena, 1 cucchiaino di lievito in polvere, spezie oppure erbe aromatiche essiccate a piacere (non aggiungete sale). Trasferite il composto in una teglia rettangolare. Lo spessore deve essere di circa 5 mm (se fosse più basso utilizzate una teglia più piccola). Coprite con pellicola da cucina e cuocete nel forno a microonde per 5 minuti. Oppure coprite con un foglio di stagnola o di carta da forno e infornate per 10 minuti a 180 °C. Sfornate e servite.

MENU TIPO DELLA FASE 3 (CONSOLIDAMENTO, SECONDA PARTE)

	LUNEDÌ	MARTEDÌ	MERCOLEDÌ
Colazione	> Bevanda calda > 2 fette di pane integrale > 60 g di formaggio tipo toma (al 10-20% di grassi) > 1/2 pompelmo	> Bevanda calda > 45 g di pepite alla crusca d'avena Dukan ai frutti rossi* > 1 coppa di frutti di bosco > Formaggio fresco (allo 0-5% di grassi)	> Bevanda calda > 2 fette di pane alla crusca > Formaggio magro (allo 0-5% di grassi) con aroma di miele > 2 fichi freschi
Pranzo	> Funghi alla greca > Moussaka > 1 vasetto di yogurt (allo 0% di grassi) naturale vellutato	> Insalata di indivia e barbabietola > Carrè di agnello alle erbe e fagiolini > Formaggio magro tipo ricotta (allo 0-5% di grassi) con composta di rabarbaro	> Insalata di germogli di soia con pollo > Shirataki di Konjac con gamberetti > 7 lychees freschi
Spuntino	> Porridge (preparato con 2 cucchiai e mezzo di crusca d'avena e latte scremato)	> 2 fette di pane integrale con 40 g di formaggio tipo emmental	> 40 g di formaggio olandese > 1 crêpe alla crusca d'avena
Cena	> Insalata di finocchi al limone > Peperoni farciti con carne bovina > Budino senza zucchero > Composta di mele fatta in casa	**Pasto della festa (cena mediorientale)** ◊ Insalata mista orientale ◊ Cous cous con carne e verdure ◊ 1 pasticcino orientale ◊ 1 bicchiere di vino rosso	> Millefoglie di carpaccio di salmone e verdure a piacere > Spiedini di verdure e tofu agli aromi > Fonduta al cioccolato (preparata con cacao magro Dukan)*

* Disponibile sul sito www.lamiaboutiquedietadukan.it

2 pasti della festa a settimana. Ricordatevi ogni giorno 2 cucchiai e mezzo di crusca d'avena (inclusi nel menu).

GIOVEDÌ	VENERDÌ	SABATO	DOMENICA
> Bevanda calda > Omelette di albumi con pancetta sgrassata > Crêpe alla crusca d'avena (*vedi* p. 44)	> Bevanda calda > 2 fette di pane integrale > Coppa di fragole > Formaggio magro tipo ricotta (allo 0-5% di grassi)	> Bevanda calda > Formaggio fresco (allo 0-5% di grassi) > 2 fette di pane integrale > Coppa di lamponi	> Bevanda calda > 2 fette di pane integrale > Formaggio magro (allo 0-5% di grassi) > 1 kiwi
> Fegatini di pollo all'aceto balsamico > Bistecca grigliata alle erbe > Formaggio fresco (allo 0-5% di grassi)	> Carote grattugiate > Insalata di alghe con cetrioli in aceto di riso > Omelette con Shirataki di Konjac > 1 vasetto di yogurt (allo 0% di grassi) aromatizzato senza zucchero	> Insalata di cuori di palma > Pesce alla griglia e pomodori alle erbe aromatiche > Composta di mele e rabarbaro	> Insalata di pomodori > Tagliatelle agli spinaci > Scaloppine di petto di pollo > 1 vasetto di yogurt magro (allo 0% di grassi) aromatizzato senza zucchero
> Bastoncini di surimi	> Crêpe alla crusca d'avena al cacao (*vedi* p. 44)	> Porridge (preparato con 2 cucchiai e mezzo di crusca d'avena e latte scremato)	> 3 biscotti alla crusca d'avena e nocciole Dieta Dukan*
> Carpaccio di salmone marinato al limone > Tonno fresco grigliato con zenzero e salsa di soia > 1 sorbetto allo yogurt Dukan**	> Verdure crude miste (cavolo rosso, carote grattugiate, pomodori, finocchi...) > Raclette Dukan preparata con carne bovina magra, 125 g di patate, 40 g di formaggio fondente > 1 pera	**Pasto della festa (cena francese)** ◊ Una fetta di fegato d'oca ◊ Confit di anatra con patate ◊ Mousse al cioccolato ◊ 1 bicchiere di vino rosso	> Carciofi alla vinaigrette > Seitan di grano stufato con erbette > 1 gelato allo yogurt preparato con un aroma a scelta*

** Per preparare il Sorbetto allo yogurt Dukan procedete così: con l'aiuto di una frusta lavorate con 2 cucchiai di dolcificante l'equivalente di 5 vasetti di yogurt naturale (0% di grassi) per renderlo cremoso, unite la scorza grattugiata di 2 limoni non trattati e il loro succo. Aggiungete 2 cucchiai di formaggio fresco magro, amalgamate bene e versate nella sorbettiera.

La mia dieta nella vita quotidiana (fase 3)

In famiglia

Finalmente avete diritto alla pasta, alle lenticchie, alla frutta, ed è più facile partecipare ai pasti in famiglia. Se avete rispettato le quantità, potete mangiare come tutti gli altri o quasi. Servitevi della vostra porzione di pasta prima degli altri, per essere sicuri di non superare le dosi autorizzate. Resta inteso che non dovete servirvi di nuovo. Se i vostri figli ne hanno abbastanza di salsa al pomodoro sulla pasta, è facile proporre 2 sughi affinché ciascuno possa servirsi come preferisce. Non esitate a mettere sul tavolo dell'olio crudo o del burro fresco: abituerete i vostri figli a dei nuovi sapori eccellenti per la salute. Per voi, preparate le spezie!

Con l'aperitivo

In fase di consolidamento avete diritto a 1 porzione di formaggio, ai farinacei e a 2 pezzi di pane. Ma durante un aperitivo è impossibile tenere il conto di quello che si ingerisce: quanti salatini e tartine potete consumare? Inutile cercare di tenere il conto. Tenete da parte gli extra autorizzati per i momenti di calma e tranquillità. Per esempio, decidete che avete diritto al pane il mattino a colazione o la sera con il formaggio. Con l'aperitivo, come al ristorante, tornate alla fase 2: proteine + verdure. Così non rischierete di eccedere: sono autorizzati i pomodori ciliegia, il surimi, le verdure per il pinzimonio, l'acqua gassata e la cola light.
Ricordatevi che durante l'aperitivo, mentre ridete e scherzate con gli amici, non potete tenere il conto di quello che consumate. È quindi rischioso avventurarsi in questo calcolo sapendo che rischiate di rovinare la vostra serata e di compromettere la vostra dieta.

Al ristorante

Per non sbagliarvi, pensate alla fase proteine + verdure quando siete al ristorante: infatti è difficile rispettare le regole e pensare ai nuovi alimenti autorizzati mentre si parla con gli amici. Abolite subito il pane e la pasta: il pane è bianco, quanto alla pasta non potete condirla secondo i vostri gusti. Se guardando il menu pensate alle proteine e alle verdure, non

avrete alcuna difficoltà. Il salmone affumicato è un passe-partout infallibile. Come contorno, optate per fagiolini, spinaci e insalate.
Il vino, il pane e i dessert non sono autorizzati, a meno che abbiate scelto questo ristorante per consumare il vostro pasto della festa. Ordinate il vino al bicchiere. Al ristorante non potete servirvi due volte e questo è un vantaggio, perché è una delle regole per il pasto di gala. Per gli altri giorni bisogna saper dire di no e prendere un caffè al posto del dessert. Non dimenticate che avete diritto alla cola light: vi aiuterà quando sentirete il bisogno di un sapore dolce.

Per una dieta felice, fate come François Mauriac

Fragile, completamente all'opposto di uno sportivo, lo scrittore François Mauriac aveva preso l'abitudine di saltare in piedi di fronte al suo specchio. Saltava facendo piccoli balzi e flessioni all'inizio per mettersi in posizione corretta, poi saltava sempre più in alto. Ho trovato questa idea eccezionale e l'ho adottata. Ho cominciato a saltare come lui raccomandava quando ero felice e mi sono accorto che questo esercizio rendeva ancora più intensa la mia gioia. Poi mi sono reso conto che la gioia, che di per sé è un sentimento passeggero, durava più a lungo facendo questo sforzo. Ho quindi provato ad analizzare questo salto senza associarlo alla gioia. E ho capito che il saltare mi metteva di buonumore. Da allora mi creo dei piccoli momenti di gioia in questo modo. E allo stesso tempo rafforzo i quadricipiti, i più grandi consumatori di calorie, e controllo il mio peso.

Domande - Risposte

Perché devo contare 10 giorni per chilo perso?

→ Perché 10, e non 11, oppure 9? Quando ho concepito la mia prima fase d'attacco ottenevo dei risultati spettacolari ma effimeri. Il peso perso tendeva a ritornare. Ho introdotto allora dei nuovi alimenti tenendoli sotto stretto controllo. Analizzando le mie statistiche sui chili persi e ripresi, ho constatato che le fasi di consolidamento riuscite duravano sempre circa 9,46 giorni per chilo perso, che ho arrotondato a 10.

Perché introdurre il pane integrale anziché quello bianco?

→ Il pane bianco è un alimento snaturato dal suo processo di lavorazione, impastato con una farina che viene separata artificialmente dalle sue fibre, la crusca. È un alimento troppo semplice da assimilare. Si digerisce facilmente, ma non fornisce tutta la ricchezza del pane integrale.

→ Il pane integrale contiene una proporzione naturale di crusca, e il germe di grano viene preservato. La crusca vi protegge dal cancro all'intestino, dall'eccesso di colesterolo, dal diabete, dalla stipsi e, dal mio punto di vista, protegge anche il vostro peso: quando passa nell'intestino tenue la crusca si addensa e cattura una parte di calorie che saranno «evacuate» senza lasciare conseguenze sul peso. Si digerisce più lentamente e procura una sensazione di sazietà da non sottovalutare.

Posso mangiare i formaggi light (al 10-20% di grassi)?

→ La maggior parte dei formaggi light non ha alcun gusto e sarete tentati di consumarne di più. Tuttavia, sappiate che la toma di Savoia è un formaggio leggero, preparato con latte parzialmente scremato. Con l'esplosione dei prodotti light alcuni produttori sono tornati alla ricetta originale con nostra grande gioia. Questo sorprendente formaggio (che contiene dal 10 al 20% di grassi) è gustoso, morbido e dal sapore persistente. Potrete consumarne senza sentirvi in colpa fino a 60 g al giorno!

Come smettere di fumare e seguire un regime dietetico allo stesso tempo senza troppe frustrazioni?

→ Smettere di fumare è talmente importante per la salute che quando viene presa questa decisione è bene darle priorità assoluta. Quindi, se dovete fare una scelta, meglio la disintossicazione dal fumo rispetto alla perdita di peso. Fare entrambe le cose contemporaneamente è possibile, ma è anche difficile portarle a termine. La disintossicazione dal fumo deve essere totale e condotta separatamente per 10 giorni. A partire dall'undicesimo giorno, potete provare a perdere peso. Per evitare il sovraccarico delle due frustrazioni potete ricorrere a una delle regole di base del metodo Dukan: la libertà totale sulle quantità. Potete mangiare a volontà quando la voglia di fumare vi assale.

I miei problemi di tiroide sono compatibili con questa dieta?

→ La tiroide e i problemi a essa correlati rappresentano un grosso ostacolo nella lotta contro il sovrappeso. Ci sono persone che non sanno di avere un'insufficienza di tipo tiroideo o soltanto una tiroide pigra che peggiora lentamente. Quando lo si scopre, il peso è già aumentato.

Ci sono altre persone alle quali è stata diagnosticata una carenza degli ormoni tiroidei e a cui viene prescritta una terapia sostitutiva, ma entra in azione molto lentamente e incide sull'aumento di peso. Alcuni medici con scarsa esperienza in ambito di patologie endocrine preferiscono prendere tempo distanziando i dosaggi di controllo del TSH e questo va a discapito del peso, che continua a crescere. Infine, anche per le persone che ricevono una diagnosi e una terapia corrette, non bisogna dimenticare che l'ormone prodotto dalla tiroide non è identico a quello contenuto nei farmaci.

Esiste una differenza tra i soggetti che affrontano questo percorso di dimagrimento e sono sani e quelli che hanno problemi di tipo tiroideo. Se si vuole dimagrire con un trattamento adeguato e che segua l'evoluzione della funzione tiroidea, si dimagrisce: posso assicurarvelo. Diciamo però che chi soffre di tiroide deve impegnarsi un po' di più degli altri.

Bilancio della fase 3

Non dimenticate soprattutto questa tappa

Durante le prime 2 tappe trovavate ogni giorno un incoraggiamento sicuro nel constatare sulla bilancia che il vostro peso era in discesa. In fase di consolidamento il peso non diminuisce più: è facile lasciarsi andare e cercare di saltare questa tappa. Ma non chiudete il libro! Siete solo a metà del percorso! Se non seguite le indicazioni di questa fase potete stare certi che riprenderete in un batter d'occhio il peso perso. E sarete fortunati se sarà solo qualche chilo!

Rimanete vigili, nella fase di consolidamento vi giocate la riuscita della dieta

Un'altra reazione può essere quella di seguire la fase di consolidamento in maniera blanda: un pezzo di pane supplementare, 1 frutto in più, 3 pasti della festa anziché 2... Restate vigili e soprattutto perfettamente obiettivi rispetto a quello che consumate. Alcune persone che seguono il programma si stupiscono di come l'ago della bilancia risale pur seguendo le indicazioni fornite.
Se avete paura di cadere in questa trappola, annotatevi su un quaderno gli alimenti autorizzati e scrivete tutto quello che avete consumato nella giornata. Siate onesti con voi stessi, non omettete gli spuntini se avete ceduto a un alimento vietato.

Ripetetevi che si tratta della vostra ultima dieta

Le diete che si susseguono sono dannose per 2 ragioni.

- Innanzitutto il vostro corpo si abitua ai regimi che si susseguono: si rende conto molto presto che si tenta di limitarlo e si organizza subito per gestire le sue riserve! Le persone che ingrassano e dimagriscono più volte nel corso della vita si vaccinano contro il dimagrimento. Dopo ogni sconfitta ci saranno ancora più difficoltà a perdere di nuovo peso. Il vostro corpo conserva il ricordo delle diete precedenti. Quindi, se siete arrivati alla fase di consolidamento, portate avanti fino alla fine il programma dicendovi che si tratta dell'ultima dieta che seguirete.

- Ma non è tutto. Sapete che durante una dieta i grassi che eliminate restano in circolo nel corpo? I grassi passeggiano nelle vostre arterie sotto forma di trigliceridi e di colesterolo. Quando perdete 10 o 20 chili, è un po' come se aveste consumato 10 o 20 chili di burro o di strutto! Un'elevata quantità di colesterolo e di trigliceridi circola nel vostro sangue. Con il tempo le arterie possono essere danneggiate da tali molecole. È per questa ragione che dimagrire e poi aumentare ancora di peso, per poi dimagrire di nuovo, è veramente pericoloso per la salute. Il rischio di avere un aumento dei lipidi nel sangue è compensato dai vantaggi che ne traete con il dimagrimento. Ma attenzione alle conseguenze sulla vostra salute se fate questa operazione due o tre volte nella vita.

Coraggio!

I giorni di dieta passeranno velocemente. Una silhouette seducente durerà a lungo. Questa pagina di bilancio dedicata alla fase 3 è molto importante: la vostra motivazione deve essere particolarmente solida per non compromettere questa parte della dieta. Ne va della riuscita del vostro programma di dimagrimento.

La fase di consolidamento in breve...

10 giorni per ogni chilo perso.
La durata della fase di consolidamento dipende dalla vostra perdita di peso... Questa fase non è facoltativa, è obbligatoria e non negoziabile.

Conservate la vostra base di proteine + verdure a volontà.

E aggiungete:
- da 1 a 2 porzioni di frutta al giorno (eccetto banane, uva, ciliegie);
- 2 fette di pane integrale al giorno;
- 40 grammi di formaggio al giorno.

Camminate ogni giorno per 25 minuti. E non perdete occasione per integrare l'attività fisica nella vita quotidiana.

Introducete da 1 a 2 porzioni di
amidi alla settimana
e 2 nuovi tipi di carne:
cosciotto d'agnello e filetto di maiale.

Ed ecco arrivato il momento
di 1 e poi 2 pasti della festa
alla settimana.

Un giorno alla settimana, il
giovedì, tornate alle proteine pure:
la vostra giornata sentinella.

Ricordate tutti i giorni di bere
molto e consumare 2 cucchiai e
mezzo di crusca d'avena.

Fase 4:
la stabilizzazione definitiva

La fase di stabilizzazione: una nuova vita con la protezione di 3 semplici regole, concrete e non negoziabili.

Gli obiettivi della fase 4

Il ritorno alla libertà

Innanzitutto complimenti! Se siete arrivati a leggere queste pagine, significa che avete superato con successo le tappe più delicate del programma. Arrivati a questa fase avete non soltanto eliminato il sovrappeso, ma anche superato i giorni difficili del consolidamento, durante i quali c'era la possibilità che il vostro corpo vi giocasse dei brutti scherzi. Potrete di nuovo nutrirvi spontaneamente senza correre eccessivi rischi di riprendere peso. Avete dovuto seguire molte regole, più o meno pesanti: queste indicazioni erano per voi un riparo, un faro nella tempesta. Adesso potete navigare lontano dalle coste, ma vi lascio comunque 3 bussole: 3 semplici regole, concrete, facili, ma non negoziabili.

Che cosa significa «libertà» in pratica?

Per prima cosa, vi chiedo di tenere ben presente nella vostra mente la Scala Nutrizionale. Arrivati al settimo gradino, disponete di un modello che avrebbe reso felice qualsiasi essere umano che abbia vissuto nei 99.950 anni di vita della nostra specie. Ma da 50 anni «mangiare liberamente» significa consumare qualsiasi cosa. Con questa scala scolpita nella memoria, potrete nutrirvi ormai spontaneamente, ma rispettando 3 regole senza le quali sareste come su un pavimento inclinato e alla lunga rischiereste di scivolare.

- Istituite definitivamente il giovedì proteico nella vostra vita.
- Dimenticate l'ascensore e fate le scale a piedi: è sano e gratuito.
- Consumate ogni giorno 3 cucchiai di crusca d'avena, per sempre.

Abbiate fiducia in voi stessi

La grande differenza tra stabilizzazione e consolidamento è la vostra indipendenza. Ritroverete in questa fase l'autonomia e sarete voi a gestire la vostra alimentazione. Non sottovalutatevi. Oggi siete in grado di procedere da soli perché nei giorni difficili della dieta voi e il vostro corpo avete imparato molto: le 4 tappe del programma vi hanno permesso di acquisire una conoscenza approfondita dei principi dell'alimentazione.

Sapete ormai distinguere ciò che è importante da ciò che è superfluo. Cominciando con la fase delle proteine avete scoperto l'importanza degli alimenti vitali. Poi avete continuato la vostra strada aggiungendo le verdure essenziali, e in fase di consolidamento avete completato i vostri menu con alimenti importanti (frutta), alimenti utili (pane integrale), alimenti che danno conforto (amidi) e, infine, alimenti di piacere (formaggio, pasti della festa) e quelli pericolosi (olio, arachidi, tartine, patatine, maionese...). Il vostro organismo si è abituato a mangiare in maniera diversa: potete ormai essere fiduciosi e concedergli la libertà che merita, se manterrete i riferimenti della Scala Nutrizionale e rispetterete le 3 regole. È il minimo che vi si richiede per non ingrassare. E questa protezione, così essenziale e attiva, vi impedirà di ritornare all'alimentazione che è stata responsabile del vostro aumento di peso.

Non confondete stabilizzazione e consolidamento

Forse avete sfogliato velocemente le pagine di questo libro pensando che stabilizzazione e consolidamento fossero due cose simili. In tal caso ritornate indietro alla svelta, altrimenti la dieta fallirà. In fase di stabilizzazione le costrizioni sono molto blande poiché quelli che sono arrivati a questo punto hanno superato il famoso effetto rimbalzo. In fase di consolidamento bisogna invece evitare il rischio di riprendere peso: nel periodo di stabilizzazione questo rischio è ormai superato.

Le 3 regole da rispettare per molto tempo...

Ma perché non per sempre?!

Un giovedì proteico alla settimana

Siete ormai liberi di nutrirvi per 6 giorni su 7, ma quest'ultima regola resterà il solo scudo contro la vostra tendenza a riprendere peso. Durante questa giornata selezionerete le proteine più pure possibili, avrete libero accesso anche alle proteine in polvere (non importa quali) se possono aiutarvi. Come per la fase di consolidamento questa regola non è negoziabile: dovete mantenere l'abitudine acquisita durante il programma. Scegliete la vostra giornata e mantenetela. Se la rimanderete sempre, ve la dimenticherete e riprenderete peso in modo lento ma inevitabile.

Un'ulteriore promessa: l'abbandono dell'ascensore

Se non siete degli sportivi, non prendete l'ascensore ed evitate di utilizzare la macchina per percorrere tragitti brevi: in pratica, muovetevi! Per motivarvi potete procurarvi un contapassi: vi renderete conto di quanti pochi siano i vostri passi nell'arco di un giorno se conducete una vita sedentaria. Quindi, senza diventare per forza degli sportivi professionisti, mettete in moto le vostre gambe ogni giorno.

3 cucchiai di crusca d'avena

La crusca d'avena presenta 3 vantaggi fondamentali:

- facilita il transito intestinale e protegge l'intestino dalle malattie degenerative, come le neoplasie;
- integrata nell'alimentazione impedisce all'intestino tenue di assorbire tutte le calorie di un alimento;
- nel vostro stomaco la crusca d'avena aumenta di volume e vi procura una gradevole sensazione di sazietà.

L'assunzione quotidiana di crusca d'avena procura benefici alla vostra salute e al mantenimento della linea ritrovata.

Il grande futuro degli alimenti che aiutano a dimagrire

Quando ho cominciato a occuparmi di medicina e nutrizione, non esisteva alcun alimento light, nemmeno i latticini magri o l'aspartame, né tanto meno la stevia. Seguire una dieta era un'impresa eroica, ben più difficile di quanto sia oggi.

Ormai, infatti, esiste un'ampia offerta di prodotti light che facilitano la vita a chi è a dieta e che, a patto che siano di qualità, privi di zuccheri e grassi aggiunti, sono autorizzati nel mio programma. Ecco i principali prodotti che è possibile reperire nella grande distribuzione.

- I prodotti con **pochi grassi**: i latticini, certi formaggi fino al 10% di grassi, i prosciutti sgrassati, il burro e le salse.
- I prodotti **senza zucchero**: chewing-gum, caramelle, alcuni biscotti e, soprattutto, i dolcificanti.

Questi progressi dell'industria alimentare sono interessanti, ma non ancora sufficienti.

Ora che solo in Francia si contano 22 milioni e mezzo di persone in sovrappeso (di cui 6 milioni e mezzo obese) e che il resto della popolazione è estremamente attenta al peso, Dieta Dukan, società di ricerca e sviluppo alimentare creata da mio figlio Sacha, ha l'obiettivo di accogliere le domande e i suggerimenti dei lettori e degli utenti in cerca di qualsiasi prodotto che non dovessero trovare mentre seguono il metodo. La maggior parte dei prodotti che abbiamo creato provengono da questo canale. Inoltre, sono numerose le catene di distribuzione che chiedono il nostro aiuto per ideare e introdurre sul mercato nuovi prodotti. Così ci siamo dati da fare per rispondere alla domanda di tutti coloro che hanno intrapreso la dieta e hanno avuto difficoltà nel reperire gli alimenti necessari e pratici per seguirla correttamente. È il caso del formaggio allo 0% di grassi o del surimi senza amidi.

Nella storia dei prodotti che abbiamo creato, tutto è cominciato con la crusca di avena, che era confinata nei negozi specializzati o nelle erboristerie, e quindi molto difficile da trovare. Di fronte a questa difficoltà,

sollevata dai miei pazienti e dai lettori, è stato necessario importarla dalla Scandinavia per vederla entrare nei supermercati. Lo stesso è poi accaduto per le crêpe, scomode da preparare ogni giorno, per il cacao sgrassato, che era ancora introvabile e, peggio ancora, per gli aromi, i biscotti, le barrette, la salsa di pomodoro senza olio né zuccheri aggiunti e le altre salse, i gelati senza zucchero né grassi, la crema da spalmare... Numerosi lettori e utenti del mio metodo propongono e suggeriscono ogni settimana nuovi prodotti sui nostri forum, sul nostro sito di coaching e in ogni occasione di dialogo. Nella maggior parte dei casi, queste domande hanno portato alla creazione di prodotti innovativi, che in Francia sono presenti nella grande distribuzione e in farmacia. Tutti questi prodotti, ormai disponibili su Internet, sono richiesti dagli utenti europei, che desiderano vederli arrivare nel loro Paese.

Mantengo la promessa: questi prodotti, già esistenti o che arriveranno in futuro, hanno e avranno una sola finalità, migliorare le vostre probabilità di dimagrire senza soffrire troppo, e rendere più facile, se non addirittura piacevole, la stabilizzazione del vostro Giusto Peso.

Quali prodotti sono associati oggi al mio metodo?

- La classica **crusca d'avena**, ma anche le sue declinazioni, le **gallette di crusca d'avena**, le **gallette di crusca d'avena al cacao magro**, i **biscotti di crusca d'avena** al sapore di nocciola e al sapore di cocco, le **barrette di crusca d'avena** al naturale e al sapore di cioccolato alla nocciola.
- **Gli aromi**, che rappresentano uno strumento eccezionale, destinato a un grande futuro nel campo della lotta al sovrappeso. Aprono una strada al mio regime dando la possibilità di associare alla libertà sulla quantità la libertà sui sapori.
- **Il cacao magro**, che è il principio attivo del cioccolato e che contiene il cuore della sua azione (il resto del cioccolato sono solo grassi e zuccheri). Il cacao magro permette di non dover rinunciare al gusto del cioccolato e di cucinare dei veri dolci leggeri.
- **La crema da spalmare**: ancora una volta la ricetta di questa crema da spalmare mi è stata proposta da una degli utenti del nostro sito di coaching, che mi ha chiesto di provare a produrla in modo semiartigianale. Oggi ci siamo riusciti al di là di ogni aspettativa, ed è un grande vantaggio per i più golosi. Pur mantenendo il colore del cioccolato alle nocciole, la sua consistenza e il suo sapore, è priva di

zucchero aggiunto e contiene molti meno grassi e nocciole. Questa crema da spalmare non può essere consumata a volontà, ma è da utilizzare come uno degli alimenti «tollerati» del metodo nella dose di 1 cucchiaio al giorno.

- **L'agar-agar** è un gelificante di origine marina, in quanto è estratto dalle alghe di mare raccolte lontano dalle coste. È ancora più semplice da preparare della gelatina: basta versare 2 g di agar-agar in polvere in 1/2 litro di qualsiasi bevanda – latte, tè aromatizzato, latte di soia, succo di frutta, tisana, brodo di carne o di verdure –, scaldare il tutto fino a ebollizione e aspettare che si raffreddi per preparare un budino, un flan, un gelato eccetera.
- **Le bacche di Goji**. Queste bacche, originarie della Cina, sono naturalmente ricche di vitamine, oligoelementi e antiossidanti. A questi frutti vengono attribuite numerose virtù, tra cui il rinforzo delle difese immunitarie, la diminuzione della pressione arteriosa e del tasso di zuccheri nel sangue, e un effetto stimolante sul transito intestinale. Durante la dieta svolgono la funzione di un concentrato di multivitamine.
- **Le tisane in pastiglie**. Queste pastiglie sono estremamente originali, perché sono vere e proprie tisane liofilizzate a freddo per permettere di sfruttare le proprietà di varie piante medicinali e i sapori naturali che contengono (anice stellato, centella, lavanda, acerola, camomilla, pompelmo, ginko, cannella, guaranà, vaniglia): ciascuna di queste piante possiede una proprietà ben precisa. Oltre all'azione generata dai principi attivi vegetali, l'utilizzo delle pastiglie permette di tenere occupata la bocca per un buon quarto d'ora. Messa in bocca, infatti, la pastiglia va depositata con la punta della lingua sul palato. Qui si incolla umettandosi e si scioglie lentamente, tenendo la bocca occupata e inaccessibile ad altri alimenti. È possibile succhiare fino a una decina di pastiglie al giorno se necessario.
- **Gli Shirataki di Konjac**. Non si tratta di un alimento light né di un'astuzia dietetica, ma di una vera e propria rivoluzione. Significa poter consumare la pasta durante il mio programma come tutti gli alimenti che autorizzo, senza limiti di quantità. Una pasta non povera di calorie, ma che non ne contiene alcuna, rappresenta un'innovazione fantastica, che renderà molto più facile seguire una dieta, in particolare la mia, che non autorizza il consumo degli altri tipi di pasta prima della fase 3 di consolidamento. Gli Shirataki di Konjac si acquistano nei negozi di cibi asiatici e su www.lamiaboutiquedietadukan.it e si preparano esattamente come i normali

spaghetti. Ricchi in fibre che assorbono fino a 100 volte il loro peso d'acqua, non hanno un gusto particolare e devono essere preparati con sapori, aromi e spezie, così da impregnarsi della salsa o della preparazione che li accompagna.

Fin dalla fase d'attacco si possono consumare gli Shirataki di Konjac al ragù alla bolognese (*vedi* ricetta sotto) riducendo la quantità di salsa al pomodoro e mantenendo invece inalterata la quantità di carne trita magra. In fase di crociera si può aggiungere ogni tipo di verdura a dadini, come melanzane, zucchine, peperoni... In fase di consolidamento si può aggiungere il parmigiano. Gli Shirataki di Konjac e la pasta di Konjac costituiscono un progresso senza precedenti nella lotta al sovrappeso.

Shirataki di Konjac al ragù alla bolognese

INGREDIENTI PER 2 PERSONE

- 2 sacchetti di Shirataki di Konjac Dieta Dukan
- 1 cipolla, 1 carota e 1 costa di sedano tagliate a dadini
- 1 spicchio d'aglio tritato
- Origano, timo, alloro
- Sale e pepe
- 300 g di carne magra di manzo macinata
- 1 vasetto di salsa al pomodoro e coriandolo Dieta Dukan (oppure 2 grossi pomodori pelati e tagliati a pezzetti)
- 1 tazza di brodo magro di manzo

- **Gli utensili da cucina indispensabili**. Gli stampi in silicone, per esempio, prodotti con nuove materie che hanno rivoluzionato i metodi di cottura tradizionali e permettono di cucinare e preparare le nostre ricette senza grassi. O i fogli di cottura, indispensabili per le cotture in padella o al forno.

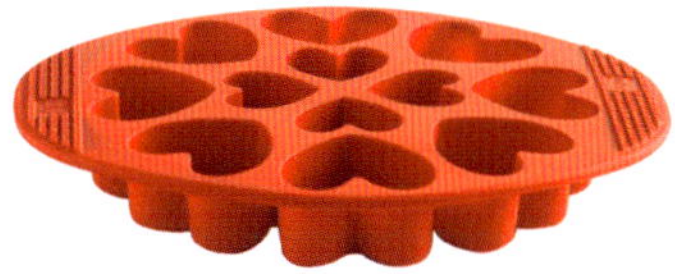

- **La salsa per insalata all'aceto balsamico**. Il suo tenore di olio è così ridotto che non si può nemmeno definirla «vinaigrette». Con pochissime calorie, è molto apprezzata da chi la utilizza. Contiene il migliore degli aceti balsamici, senape rustica (con semi interi), acqua frizzante per un'emulsione densa e la minima dose di olio d'oliva per assicurare la tenuta della salsa.

Tutti questi prodotti sono disponibili su www.lamiaboutiquedietadukan.it e in alcune farmacie.

Mettete una pentola piuttosto grande sul fornello, versatevi un dito d'acqua, aggiungete lo spicchio d'aglio tritato, la cipolla a dadini e fate soffriggere a fuoco lento. Dopo 1 minuto, aggiungete i dadini di carota e sedano, il timo, l'origano, l'alloro, il sale e il pepe e cuocete per una decina di minuti. Aggiungete la carne macinata, sgranandola bene, e poi il vasetto di salsa al pomodoro e coriandolo (oppure i pomodori pelati e tagliati a pezzetti), e infine la tazza di brodo magro di manzo. Fate bollire, salate e pepate di nuovo quanto basta e cuocete a fuoco lento per almeno 1 ora.
Quando la salsa è pronta, sciacquate abbondantemente gli Shirataki e mettete a bollire una pentola d'acqua. Quando l'acqua bolle, immergetevi gli Shirataki e cuocete per 2-3 minuti.
Scolateli e sciacquateli sotto un getto d'acqua fredda.
Condite gli Shirataki di Konjac con il ragù alla bolognese e servite caldi.

Il giovedì proteico

Piccolo promemoria

Evitate l'uso della senape il giovedì, dato che è salata. Potete condire con aceto ed erbe aromatiche. Utilizzate le spezie per compensare questa assenza.

Limitate l'apporto di lattosio

In un regime di stabilizzazione definitiva per un solo giorno alla settimana bisogna selezionare accuratamente gli alimenti limitando l'apporto di lattosio. Confrontate le etichette dei latticini magri, tenendo conto anche di questo parametro. A parità di apporto calorico il formaggio magro contiene più proteine e meno lattosio dello yogurt magro, e quindi è da preferire.

Una selezione di proteine pure

I giovedì proteici sono un ricordo settimanale della fase d'attacco con qualche piccola modifica. Dovrete conservare questa abitudine della fase 1 scegliendo proteine pure. Per esempio, per la carne eviterete quella di maiale e di agnello, troppo grasse per essere considerate pure. Troverete a p. 126 una lista completa degli alimenti autorizzati per i giovedì proteici. Infatti, considerando che questa giornata è il solo scudo contro un eventuale aumento di peso, è importante scegliere le proteine più pure possibili. Nella fase 1 il pesce grasso era autorizzato, ma in questo caso verrà vietato.

Bevete molto

In fase d'attacco vi è stato raccomandato di bere almeno 1,5 litri di acqua al giorno. Per questi giovedì di stabilizzazione vi consigliamo di aumentare la quantità fino a 2 litri al giorno, per permettere al vostro organismo di eliminare bene le scorie.

Limitate il sale

Durante tutto il periodo di dimagrimento e di consolidamento, il programma Dukan impone una semplice riduzione del sale. Per i giovedì di stabilizzazione l'indicazione sarà più restrittiva: questa giornata dovrà essere più povera di sale. Una restrizione così precisa su una giornata isolata non è sufficiente per far abbassare la pressione arteriosa, ma permetterà all'acqua di attraversare rapidamente l'organismo depurandolo. Questa consegna sarà particolarmente utile alle donne soggette a oscillazioni ormonali importanti, spesso responsabili di forte ritenzione idrica nel corso del ciclo mestruale.

Occasionalmente avete diritto alle proteine in polvere

Il programma Dukan è completamente naturale: le proteine in polvere sono state vietate fino a questo momento. Benché siano un prodotto industriale, le proteine in polvere hanno il vantaggio di essere particolarmente pure. In fase di stabilizzazione, quando la dieta occupa solo una giornata alla settimana, è possibile farne uso, soprattutto in caso di un

contrattempo o un sovraccarico di impegni che potrebbe far saltare il vostro appuntamento con il giovedì proteico. La confezione in polvere ha il vantaggio di essere facile da trasportare. Ma non bisogna dimenticare che si tratta di alimenti artificiali: il vostro organismo non è programmato per nutrirsi di polveri. Anche aromatizzata e dolcificata, la polvere non è un alimento appagante. Un uso prolungato di questi prodotti rischia di indurre crisi di bulimia. Inoltre, l'assenza di fibra in questi preparati può provocare spiacevoli disturbi. Pertanto, questo modo di alimentarsi deve restare solo occasionale.
Attenzione, nell'acquistarle non confondete i sostitutivi del pasto con le polveri proteiche, leggete bene le etichette: la polvere che scegliete deve essere composta per il 95% da proteine.

Alcune astuzie

• Se amate il manzo
Il giovedì può essere consumato ben cotto, così sarà preservato il contenuto proteico e si eliminerà una parte di grassi.

• Consumate il salmone un altro giorno!
Nel regime delle proteine pure della fase 1 sono autorizzati tutti i tipi di pesce, dai più magri ai più grassi. Il loro contenuto di lipidi non è accettabile per i giovedì proteici della fase di stabilizzazione.

• Pensate al pesce crudo!
La cernia, la rana pescatrice, l'orata e il nasello si prestano a meraviglia a questo tipo di preparazioni: marinati qualche minuto nel limone, tagliati a fettine sottili o a cubetti, salati, pepati e profumati con erbe aromatiche, rappresentano un pasto rapido e delizioso.

Che cosa mangiare nei giovedì proteici?

Il giovedì deve essere rigorosamente a base di proteine. Utilizzate gli alimenti con un elevato apporto proteico. Non potete fare riferimento alla lista del regime d'attacco perché alcune proteine che in quella fase erano autorizzate, qui sono vietate. Ecco la lista delle proteine pure permesse.

Carni

Autorizzate	Vietate
Arrosto di vitello (ben cotto)	Agnello
Bistecca di manzo	Controfiletto di manzo
Carne tritata (fino al 5% di grassi)	Costata di manzo
Cavallo	Costata di vitello
Coniglio	Lombata
Fesa di vitello	Maiale
Filetto di manzo	Petto di cavallo
Roast-beef	

Uova

Autorizzate

Intere o solo gli albumi, se durante la settimana avete assunto molti grassi

Volatili

Autorizzati	Vietati
Faraona	Ali di pollo
Petto di pollo	Anatra
Piccione	Oca
Quaglia	Parte posteriore del pollo
Sovracoscia di pollo	Pelle del pollo
Tacchinella	
Tacchino	

Latticini

Autorizzati

Formaggio magro (allo 0-5% di grassi)

Yogurt magro (allo 0% di grassi)

Vietati

Formaggi tradizionali

Latticini a base di latte intero

Pesce

Autorizzati

Branzino
Cefalo
Cernia
Imperatore
Merlano
Merluzzo
Nasello
Orata
Passera di mare
Passera di mare affumicata
Pesce spada
Platessa
Razza
Rombo
Sgombro
Sogliola
Surimi
Tonno al naturale
Triglia

Vietati

Salmone affumicato
Sardine
Sardine sott'olio
Sgombro con senape
Tonno sott'olio

Frutti di mare

Autorizzati

Capesante
Cozze
Gamberetti
Granchio
Molluschi

Proteine vegetali

Autorizzate

Crusca d'avena e di grano: 3 cucchiai al giorno di crusca d'avena e 1 cucchiaio al giorno di crusca di grano (facoltativo)
Konjac
Seitan
Shirataki di Konjac
Tofu

MENU TIPO DELLA FASE 4 (STABILIZZAZIONE DEFINITIVA)

	LUNEDÌ	MARTEDÌ	MERCOLEDÌ
Colazione	> Bevanda calda > Pane svedese > Burro > Formaggio fresco cremoso (allo 0-5% di grassi)	> Bevanda calda > Uova strapazzate > Prosciutto cotto	> Bevanda calda > Pane e burro > 1 vasetto di yogurt naturale magro (allo 0% di grassi) > Frutta
Pranzo	> Carote grattugiate > Cotechino e lenticchie > Formaggio > Dessert di soia con polpa di fragole (*vedi* p. 258)	> Avocado e polpa di granchio > Filetti di triglia al basilico (*vedi* p. 216) > Coppa di gelato	> Cous cous con verdure > Cavolo bianco ai frutti di mare (*vedi* p. 186) > Ananas con crema inglese gelata (*vedi* p. 250)
Spuntino	> 1 frutto	> Biscotti secchi	> 1 frutto
Cena	> Cetriolo e yogurt > Pasta con zucchine > Mousse ai due limoni (*vedi* p. 246)	> Insalata con verdure crude e uova sode > Pizza vegetariana > 1 frutto	> Porri alla vinaigrette > Lasagne > Composta alle spezie (*vedi* p. 254)

Ricordate, ogni giorno, 3 cucchiai di crusca d'avena da aggiungere al menu quando non è compresa.

GIOVEDÌ	VENERDÌ	SABATO	DOMENICA
> Bevanda calda > Formaggio magro (allo 0% di grassi) > Crêpe alla crusca d'avena (*vedi* p. 44)	> Bevanda calda > Latte e cereali in fiocchi > Frutta	> Bevanda calda > Pane e burro > Confettura	> Bevanda calda > Succo d'arancia > Croissant
> Uova sode > Tartare di carne > Gelato al muesli (*vedi* p. 226)	> Insalata mista di verdure crude > Tagliolini allo scalogno > Gratin di patate > Macedonia	> Pomodoro e mozzarella > Carré d'agnello > Fagiolini > Pan di spezie (*vedi* p. 238)	> Ravanelli > Pollo fritto > Clafoutis di albicocche al pistacchio (*vedi* p. 252)
> Bastoncini di surimi	> 1 vasetto di yogurt naturale magro (allo 0% di grassi)	> Crêpe alla crusca d'avena (*vedi* p. 44)	> Yogurt fresco alla frutta
> Omelette alla menta e curry (*vedi* p. 184) > Branzino grigliato > 1 vasetto di yogurt naturale magro (allo 0% di grassi)	> Gazpacho > Petto di pollo alla provenzale > Ratatouille > Mele a sorpresa aromatizzate alla cannella (*vedi* p. 264)	> Formaggio di capra caldo su letto di insalata > Spiedini di pollo al limone verde > Zucchine alla griglia > Tiramisù	> Zuppa di verdura > Omelette alle erbe > 1 vasetto di yogurt naturale magro (allo 0% di grassi) > 1 frutto

Il mio giovedì nella vita quotidiana (fase 4)

Ma come? Sei sempre a dieta?

Se non l'avevate notato prima, ormai dovreste esservene accorti: appena si intraprende una dieta, chiunque si sente autorizzato a proporvi piccole deroghe con commenti del tipo: «Dai, fai uno strappo alla regola!» L'alimentazione è sempre stata un argomento di discussione delicato. Le nostre scelte alimentari esprimono allo stesso tempo la nostra cultura, le nostre convinzioni, i nostri ricordi d'infanzia. Se avete cercato di fuggire da questi commenti durante la dieta, ora non potete evitarli, perché non siete più a dieta. Tuttavia, ogni giovedì vi nutrirete in maniera differente. Per affrontare le persone che vi circondano, vi propongo 2 soluzioni:

- Siete voi che sapete cosa mangiare, fate tacere chi fa commenti. Il vostro modo di alimentarvi riguarda solo voi, non disturba nessuno. Non impedite certamente agli altri di mangiare il loro cibo preferito!
- Siate discreti. Non dovete spiegare il programma Dukan al vostro capufficio o al cliente che invitate a pranzo.

Ecco qualche astuzia…

In famiglia

Fate un brunch una volta alla settimana. Il vostro giorno di proteine può essere l'occasione per instaurare un nuovo rituale famigliare dando alla vostra colazione un'aria di festa: uova, carne fredda, il brunch è perfetto per voi! Mentre gli altri completeranno la loro colazione con marmellata o pane, voi passerete inosservati con il vostro uovo alla coque che accompagnerete con qualche striscia di pollo arrosto al posto dei crostini!

Al ristorante

- **Ordinate un piatto di frutti di mare**

Questo piatto ha un'aria di festa e nessuno si accorgerà che state seguendo le indicazioni del giovedì proteico: sapete che il granchio, i gamberetti, i molluschi e ancora i mitili o le capesante sono più magri di altri tipi di pesce?

- **Mangiucchiate nel vostro piatto**

Fatevi portare un pezzo abbondante di carne grigliata con una verdura che non amate particolarmente, e consumate solo la carne.

- **Come dessert prendete un caffè**

Nessuno sospetterà che siete a dieta se ordinate un caffè mentre gli altri scelgono un dessert. Se la conversazione va per le lunghe, prendetene un altro.

In viaggio

Portate con voi le proteine in polvere. È difficile seguire la dieta delle proteine in autostrada, anche se in alcune aree di sosta sono venduti affettati magri o bastoncini di surimi. Ma se non trovate niente di appropriato, potete accontentarvi delle proteine in polvere, che completerete con un latticino magro che potrete acquistare in qualsiasi stazione di servizio.

Domande - Risposte

Prendo la pillola al mattino, come la crusca d'avena. Devo assumerle separatamente?

→ Tutto dipende dalla dose di crusca che assumete. 1 o 2 cucchiai non avranno alcun effetto sulla pillola, anche se dosata. Se prendete 3 cucchiai di crusca e la vostra pillola è microdosata, assumete la crusca la sera. Se la pillola ha un dosaggio normale, potete prenderle insieme.

Può consigliarmi un alimento spezzafame?

→ La melanzana può essere uno spezzafame naturale. Prendete una bella melanzana e con l'aiuto di un coltello appuntito praticate 3 fori da ciascun lato fino a 1 centimetro di profondità. In ogni taglio mettete 1 spicchio d'aglio, poi infornate a 200 °C. Quando vedrete accartocciarsi la pelle, togliete la melanzana dal forno e adagiatela in un piatto. Poi tagliatela in due nel senso della lunghezza, come un avocado. Prendetene metà, salatela, pepatela e mangiate la polpa con un cucchiaino, come se fosse una crema. Quando avrete finito, l'appagamento e la sensazione di sazietà saranno in viaggio verso il cervello. Arriverete a tavola più tranquilli e le fibre della melanzana calmeranno l'organismo.

Qual è il momento migliore della giornata per consumare la crusca?

→ Ce ne sono parecchi, che variano a seconda del vostro stile di vita e della vostra relazione con l'alimento.

→ Se siete amanti di una colazione abbondante, è chiaro che la crusca apporterà dolcezza, consistenza e senso di sazietà, soprattutto se preparate le crêpe o il porridge.

→ Se preferite mangiucchiare a metà pomeriggio, il momento migliore per voi sarà alle 17.

→ Se non avete mai tempo di fare un vero pasto, una grossa crêpe preparata con 2 cucchiai di crusca d'avena, formaggio magro e albume può essere la base di un sandwich Dukan nel quale metterete un pezzo di salmone affumicato, del prosciutto magro o della bresaola.

→ Se tendete a spiluccare dopo cena, una crêpe dolce con il cacao magro vi aiuterà a non sgarrare.

Bilancio della fase 4

Chi va piano va sano e va lontano

Eccovi arrivati alla fine di questo viaggio dentro il vostro organismo. L'avete maltrattato, gli avete fatto la guerra, ma adesso ripartite mano nella mano. Il vostro corpo è il vostro amico, non dimenticatelo. «Chi va piano va sano e va lontano», dice un vecchio proverbio. E oggi siamo purtroppo in molti a preoccuparci di più della nostra auto che del nostro corpo. Nessuno di noi metterebbe benzina in un motore diesel o si dimenticherebbe della revisione e del cambio dell'olio.

Pensate a voi stessi

Per affermare che questa dieta ha dato buoni frutti occorre che ogni giorno pensiate a voi stessi. Durante il dimagrimento avete concesso del tempo al vostro corpo, l'avete ascoltato, l'avete coccolato o punito, ma ve ne siete occupati. Bisogna continuare. È per questo motivo che è importante la giornata del giovedì: è un punto d'incontro tra voi e il vostro corpo, un momento per ripristinare questa relazione.

Diventate una tartaruga a tavola

Prendersi cura del proprio corpo significa regalarsi piacere. Mangiate lentamente, assaporate, non ingoiate nulla senza averlo gustato. Rivendicate la lentezza, è un'arte di vita che si è persa. Più le persone mangiano velocemente, più ingrassano.

Non servitevi due volte

L'avete imparato in fase di consolidamento durante i pasti della festa. Prendetevi il vostro tempo, ma non servitevi mai due volte. Un ultimo consiglio che va nella stessa direzione del piacere e della vostra linea: mangiate con coltello e forchetta. Vi sembra un consiglio strano? Oggi gli spuntini veloci e i fast-food ci hanno fatto dimenticare questa buona abitudine. Se vi prendete il tempo per gustarvi un piatto seduti a tavola con coltello e forchetta, siete sicuri di darvi piacere e di evitare di inghiottire qualcosa di cui non siete neppure consapevoli.

Bevete mangiando

Questa regola va contro un falso pregiudizio: bere quando si mangia non è per nulla nefasto per il vostro organismo. Vi procura anzi una sensazione di sazietà e permette di interrompere l'assorbimento degli alimenti solidi: il transito del contenuto gastrico è più lento lungo il canale intestinale. In più l'acqua fresca abbassa la temperatura degli alimenti ingeriti e questo processo fa consumare più energia. E più il corpo lavora, più calorie brucia.

Se riprendete qualche chilo...

Non aspettate di recuperarne troppi… Appena riprendete peso, passate per esempio a una settimana con due giorni di proteine pure. Questo accorgimento dovrebbe essere sufficiente.

Oggi sono sicuro che avete le armi giuste per raccogliere la sfida, chiudendo questo libro: vivere serenamente, mangiando come tutti gli altri sei giorni su sette. La vostra vita precedente, quella in cui vi sentivate così male nel vostro corpo, è ormai alle spalle.

La fase di stabilizzazione definitiva in breve...

Dimenticare le regole della stabilizzazione definitiva significa essere certi di riprendere il peso perso.

In fase di stabilizzazione definitiva vi alimenterete normalmente 6 giorni su 7.

Metterete in pratica quello che avete imparato durante il programma. Consumerete i diversi alimenti secondo la loro importanza: vitale (proteine), essenziale (verdure), importante (frutta), utile (pane), piacevole e nutriente (formaggio), energetico (amidi), puro piacere (pasto della festa).

Una volta alla settimana, preferibilmente il giovedì, tornate alle proteine pure.

Questa regola non è negoziabile.
Sarà il vostro scudo contro un eventuale aumento di peso.

Il giovedì berrete almeno 2 litri d'acqua.

Consumerete ogni giorno 3 cucchiai di crusca d'avena.

Eviterete di prendere l'ascensore e camminerete almeno per 20 minuti al giorno.
Ogni giorno il vostro corpo dovrà essere attivo, anche se non siete degli sportivi.

Il libro del vostro peso

• **Chi** oggi può prendersi il tempo di elaborare e porre a qualcuno 154 domande relative al suo peso? Nessuno, sicuramente!
• **Chi** si prenderebbe la briga di analizzarle e di classificarle per capire il singolo caso di chi ha fornito le risposte e proporre soluzioni adeguate?
• **Chi** prenderebbe la penna per redigere un bilancio e stilare una sorta di «mappa stradale» adattata a ogni singolo caso?
• **Quale** tipografia stamperebbe una tale opera in un solo esemplare e lo farebbe consegnare al domicilio della persona che lo ha ordinato?
Noi abbiamo fatto tutto questo insieme, sullo slancio della passione, del piacere di innovare e di costruire qualcosa di nuovo in un campo in cui tutto è già stato detto. Praticamente tutti volontari: 32 medici, 4 ingegneri e 1 architetto (geni dell'informatica) e dei grafici.

Due aiuti supplementari che cambiano tutto: la personalizzazione e il monitoraggio

La personalizzazione: l'approccio a faccia a faccia

• **Una riflessione internazionale**

Nel 2003 ho creato un gruppo di riflessione internazionale a seguito del problema dilagante del sovrappeso e dell'obesità a cui stavamo assistendo in tutto il mondo. Sono molti i colleghi nutrizionisti americani, inglesi, spagnoli e tedeschi che osservano il progredire di questo flagello alla ricerca di soluzioni. Ma una cosa è chiara: finora non è stato trovato nulla che possa contenere l'epidemia di sovrappeso. C'è anzi una certa chiusura verso le nuove ricerche, e siamo ben lontani dall'adozione di un metodo che incontri il consenso di tutti. Un'altra riflessione a cui siamo giunti al termine di questa analisi è che l'ostacolo maggiore è rappresentato dalla fatica di seguire un regime alimentare in un mondo che incita al consumo. Ci siamo resi conto, pertanto, che servivano un'assistenza e un inquadramento fondati su 2 elementi: la relazione personale con chi si apprestava a intraprendere una dieta, e il monitoraggio quotidiano delle persone e del loro peso.

• **Internet, sostegno per la personalizzazione**

Tutte le opere, i metodi, i programmi proposti per combattere il sovrappeso, qualunque siano le loro qualità, sono sistemi standardizzati, che non tengono conto del singolo individuo, della sua personalità, della sua eredità genetica e delle sue preferenze alimentari.
Il progetto «personalizzazione di massa» ha portato alla realizzazione di un programma che ha permesso di effettuare uno studio personalizzato per ogni caso di sovrappeso. Le domande pensate appositamente da un collega medico hanno consentito di raccogliere 154 risposte che creano il profilo di un singolo caso.
In relazione a tutti gli elementi individuali presi in considerazione, è stato proposto un programma globale per dimagrire secondo la propria perso-

nalità ponderale, una vera e propria mappa stradale. Questo cantiere ha mobilitato 32 medici e una squadra di esperti informatici. Si è così arrivati alla creazione del primo libro «a lettore unico» nella storia dell'editoria. Su 10.000 casi la nostra ricerca ha dimostrato che l'approccio personalizzato al sovrappeso portava un nuovo strumento nell'arsenale della lotta contro i chili in eccesso. Una perdita di peso ottimale compatibile con quella ottenuta con i migliori metodi ma con risultati radicalmente migliori in termini di stabilizzazione del peso e di mantenimento su 24 mesi.

Il monitoraggio quotidiano: un programma anti-frustrazione

- **Il coaching su Internet**

Un'altra conclusione condivisa a livello internazionale riguardava il ruolo fondamentale del monitoraggio quotidiano. Questo ruolo spetta di solito al medico nutrizionista. Ma in Francia, per esempio, ci sono solo 270 nutrizionisti su 20 milioni di persone in sovrappeso. Bisognava quindi creare un servizio di sostegno fruibile su larga scala, e il solo canale possibile era rappresentato da Internet. Attenzione, però! Sono tanti i siti che propongono un servizio di coaching. Tuttavia, per quanto ne so io, nessuno di questi, anche tra i più importanti, offre un servizio personalizzato (nulla distingue un utente da un altro) né un vero monitoraggio dei progressi fatti (le indicazioni sono standardizzate e non considerano i risultati effettivamente raggiunti).

- **I consigli del mattino e il resoconto della sera**

Le stesse équipe mediche, forti del metodo di lavoro acquisito con il progetto di personalizzazione ponderale, hanno elaborato un servizio unico al mondo, fondato su una tecnologia nuova e brevettata: il canale EARQ (E-mail Andata e Ritorno Quotidiana).

Ogni mattina arriva una e-mail con le indicazioni adattate a ogni singolo utente organizzate in tre parti: alimentazione (menu), attività fisica e, infine, sostegno della motivazione e dialogo.

Ogni sera, ed è qui che si sviluppano la personalizzazione e il sostegno, l'utente fa il resoconto del suo peso giornaliero, dei suoi eventuali sgarri alimentari, della sua attività fisica, del suo livello di motivazione e dell'alimento che gli è mancato di più. In questo modo, gli elementi forniti nel resoconto serale vengono analizzati per elaborare i consigli del giorno dopo. È questo paziente e costante inquadramento in un «botta e risposta» quotidiano che permette di dimagrire con la massima efficacia, la minima frustrazione e in maniera più duratura.

In pratica...

Un questionario di 154 domande e la raccolta delle relative risposte permettono di creare l'equazione individuale.

Lo studio parte con le domande e 8 giorni dopo viene realizzata una sintesi, stampata in un unico esemplare all'attenzione esclusiva del fruitore. Compilate il questionario sul sito Internet francese www.livredemonpoids.com

Il coaching tramite Internet è accessibile su www.dietadukan.it. Un accesso e una tariffa speciali sono riservati ai lettori di questo libro utilizzando il codice «Sperling».

Antipasti e stuzzichini

Uova strapazzate con crema chantilly e uova di salmone

- ATTACCO
- CROCIERA
- CONSOLIDAMENTO
- STABILIZZAZIONE

- **Per 2 persone**
- **Tempo di preparazione**
  15 minuti
- **Tempo di cottura**
  10 minuti
- **Tempo di riposo in frigorifero**
  10 minuti
- **Ingredienti**
  > 3 uova
  > 2 cucchiaini di uova di salmone (oppure di lompo)
  > Sale e pepe q.b.

  Per la crema chantilly
  > 2 albumi
  > 120 g di formaggio magro (allo 0-5% di grassi)
  > Sale e pepe q.b.

In una piccola casseruola a doppio fondo mettete le uova e regolate di sale e pepe. Cuocete a fuoco dolce sempre mescolando con un cucchiaio di legno fino a ottenere una consistenza cremosa. Trasferite in due ciotole.

Preparate la crema chantilly: montate gli albumi a neve, incorporate delicatamente il formaggio e regolate di sale e pepe.

Distribuite la crema chantilly sopra le uova strapazzate e decorate con le uova di salmone.

Conservate in frigorifero fino al momento di servire.

Gamberoni in salsa alla vaniglia

- **CROCIERA**
- **CONSOLIDAMENTO ESCLUSO IL GIOVEDÌ PP**
- **STABILIZZAZIONE ESCLUSO IL GIOVEDÌ PP**

- **Per 4 persone**
- **Tempo di preparazione**
  15 minuti
- **Tempo di cottura**
  20 minuti
- **Ingredienti**
  > 4 cucchiai di panna (all'11% di grassi)
  > 1 baccello di vaniglia
  > 2 scalogni
  > 6 cucchiai di vino bianco (facoltativi)
  > 12 scampi
  > 1/2 cucchiaino di curcuma
  > 1 spolverata di paprika

Portate la panna al punto di ebollizione e aggiungete il baccello di vaniglia tagliato a metà per la lunghezza.
Affettate finemente gli scalogni e cuoceteli a fuoco dolce in una padella antiaderente con 4 cucchiai di acqua fino a quando diventano trasparenti. Versate il vino bianco e lasciate evaporare. Aggiungete i gamberoni, mescolate e portate a cottura.
Versate la panna (dopo aver tolto il baccello di vaniglia) e insaporite con la curcuma e la paprika.
Servite caldi.

Contiene 1 porzione e mezza di alimenti tollerati a persona.

Capesante stufate con spuma alla vaniglia

- **CROCIERA**
- **CONSOLIDAMENTO ESCLUSO IL GIOVEDÌ PP**
- **STABILIZZAZIONE ESCLUSO IL GIOVEDÌ PP**

- **Per 4 persone**
- **Tempo di preparazione**
  20 minuti
- **Tempo di cottura**
  15 minuti
- **Ingredienti**
  > 16 capesante fresche oppure surgelate
  > 150 ml di brodo di pesce
  > 1 baccello di vaniglia
  > 10 gocce di aroma di rum Dieta Dukan
  > 4 cucchiai di panna (all'11% di grassi) oppure 100 g di formaggio magro (allo 0-5% di grassi)
  > 1/2 cucchiaino di agar-agar

Se acquistate le capesante surgelate, scongelatele la notte prima in frigorifero.
Versate il brodo di pesce in una casseruola. Tagliate il baccello di vaniglia a metà per la lunghezza e unitelo al brodo. Portate a ebollizione, spegnete e lasciate in infusione a recipiente coperto per 10 minuti.
Filtrate il brodo e conservate il baccello per la decorazione.
Cuocete le capesante per 10 minuti in una padella antiaderente. Tenete in caldo.
Sempre in una padella antiaderente scaldate 2 cucchiai d'acqua con l'aroma di rum e unite al brodo. Aggiungete la panna e l'agar-agar, mescolate e filtrate.
Frullate fino a formare una spuma soffice e vaporosa.
Disponete le capesante in 4 piatti fondi e accompagnatele con la spuma alla vaniglia.
Decorate con il baccello di vaniglia tagliato a pezzetti.

Contiene 1 porzione di alimenti tollerati a persona.

Fagottino di salmone affumicato con cozze e formaggio magro

- **CROCIERA**
- **CONSOLIDAMENTO ESCLUSO IL GIOVEDÌ PP**
- **STABILIZZAZIONE ESCLUSO IL GIOVEDÌ PP**

- **Per 1 persona**
- **Tempo di preparazione**
  5 minuti
- **Tempo di cottura**
  5 minuti
- **Ingredienti**
  > 10 cozze cotte
  > 1 cucchiaino di panna (all'11% di grassi)
  > 1 fetta (abbondante) di salmone affumicato
  > 100 g circa di formaggio spalmabile (allo 0,2% di grassi)
  > 1 stelo di erba cipollina

Scaldate a fuoco dolce per 5 minuti le cozze in una padella antiaderente. Un paio di minuti prima del termine della cottura versate la panna, mescolate e tenete da parte.
Adagiate la fetta di salmone nel piatto e distribuite il formaggio, unite le cozze e chiudete il fagottino con lo stelo di erba cipollina.

Contiene 1 porzione di alimenti tollerati a persona.

Millefoglie di cetrioli e salmone

- **CROCIERA PV**
- **CONSOLIDAMENTO ESCLUSO IL GIOVEDÌ PP**
- **STABILIZZAZIONE ESCLUSO IL GIOVEDÌ PP**

- **Per 6 persone**
- **Tempo di preparazione**
  15 minuti
- **Ingredienti**
  > 1 cetriolo
  > 180 g di salmone affumicato
  > 200 g circa di formaggio spalmabile (allo 0,2% di grassi)
  > 3 rametti di timo fresco
  > 1 piccolo vasetto di uova di salmone (oppure di lompo)
  > Sale e pepe q.b.

Sbucciate il cetriolo, tagliatelo a pezzetti di 10 cm di lunghezza e affettate finemente ogni pezzetto.

Ricavate da ogni fetta di salmone delle striscioline sottili.

Componete 6 millefoglie alternando una fettina di cetriolo, una strisciolina di salmone affumicato e un po' di formaggio fresco e procedete in questo modo terminando con il cetriolo. Regolate di sale e pepe e profumate con il timo.

Decorate con le uova di salmone e conservate in frigorifero fino al momento di servire.

Gamberi in salsa al curry e pomodorini

- **CROCIERA PV**
- **CONSOLIDAMENTO ESCLUSO IL GIOVEDÌ PP**
- **STABILIZZAZIONE ESCLUSO IL GIOVEDÌ PP**

- **Per 2 persone**
- **Tempo di preparazione**
  10 minuti
- **Tempo di cottura**
  10 minuti
- **Ingredienti**
  > 16 gamberi
  > 4 cucchiai di panna liquida (all'11% di grassi)
  > 15 gocce di aroma di cocco Dieta Dukan
  > 1/2 cucchiaino di curry
  > 1/4 di peperoncino dolce in polvere
  > 8 pomodorini ciliegia

Pulite i gamberi e fateli dorare in una padella antiaderente (se necessario bagnate con acqua).
Nel frattempo preparate la salsa mescolando la panna, l'aroma al cocco, il curry e il peperoncino.
Quando i gamberi saranno dorati unite la panna e mescolate.
Distribuite in due piatti fondi e decorate con i pomodorini.
Durante la fase di consolidamento potete sostituire la panna e l'aroma al cocco con 100 ml di latte di cocco.

Contiene 2 porzioni di alimenti tollerati a persona.

Aspic di uova all'aragosta con salmone affumicato

- **CROCIERA PV**
- **CONSOLIDAMENTO ESCLUSO IL GIOVEDÌ PP**
- **STABILIZZAZIONE ESCLUSO IL GIOVEDÌ PP**

- **Per 6 persone**
- **Tempo di preparazione**
  20 minuti
- **Tempo di cottura**
  30 minuti
- **Tempo di riposo in frigorifero**
  2 ore
- **Ingredienti**
  > 3 uova
  > 2 buste (24 g) di gelatina
  > 1 mazzo di asparagi bianchi
  > 1/2 aragosta surgelata cotta
  > 3 fette (abbondanti) di salmone affumicato
  > 1/2 mazzetto di prezzemolo

Cuocete le uova fino a quando saranno sode. Sgusciatele e tagliatele a metà.
Preparate la gelatina seguendo le istruzioni indicate sulla confezione.
Cuocete gli asparagi, lasciateli raffreddare e sgocciolare.
Dividete l'aragosta in 6 porzioni e disponetele in 6 ciotole, adagiatevi accanto una metà d'uovo con il tuorlo rivolto in basso, versatevi sopra la gelatina e trasferite in frigorifero per almeno 2 ore.
Al momento di servire, adagiate mezza fettina di salmone al centro di ogni piatto, capovolgetevi sopra l'aspic, unite gli asparagi a ventaglio e decorate con il prezzemolo tritato per dare una nota di colore.

Bocconcini al salmone affumicato

- ATTACCO
- CONSOLIDAMENTO
- CROCIERA
- STABILIZZAZIONE

- **Per circa 50 bocconcini**
- **Tempo di preparazione**
  25 minuti
- **Tempo di cottura**
  20 minuti
- **Ingredienti**

Per la pasta dei bocconcini

> 4 cucchiai di crusca d'avena
> 2 cucchiai di crusca di frumento
> 1/2 bustina di lievito istantaneo
> 3 cucchiai di formaggio magro (allo 0-5% di grassi)
> 3 uova intere + 1 albume
> 1 cucchiaino di aroma di mandorla amara
> Sale e pepe q.b.

Per farcire

> 100 g di formaggio spalmabile (allo 0,2% di grassi)
> 3 cucchiaini di formaggio magro (allo 0-5% grassi)
> Erbe aromatiche (oppure erba cipollina) a piacere
> 2 fette (abbondanti) di salmone affumicato
> Sale e pepe q.b.

Preriscaldate il forno a 180 °C.
In una terrina mescolate i due tipi di crusca, il lievito, il formaggio magro, le uova, l'albume e l'aroma di mandorla. Regolate di sale e pepe.
Distribuite il composto in uno stampo per pasticcini o in formine singole.
Infornate per circa 20 minuti (tenendo sotto controllo la cottura).
Nel frattempo preparate la farcitura. Amalgamate i due tipi di formaggio. Regolate di sale e pepe e profumate con le erbe aromatiche tritate oppure con l'erba cipollina fresca finemente tritata.
Farcite i bocconcini con l'aiuto di un cucchiaino o di una sac à poche.
Tagliate il salmone a pezzetti e distribuite sui bocconcini per decorare.
Colorate con erbe aromatiche.
Potete utilizzare uova di lompo in sostituzione del salmone affumicato.
In alternativa al formaggio fresco, per farcire potete utilizzare una mousse di tonno o di salmone oppure il tofu affumicato.

Mousse leggera di salmone e broccoli

- **CROCIERA PV**
- **CONSOLIDAMENTO ESCLUSO IL GIOVEDÌ PP**
- **STABILIZZAZIONE ESCLUSO IL GIOVEDÌ PP**

- **Per 12 bicchieri**
- **Tempo di preparazione**
  15 minuti
- **Tempo di riposo in frigorifero**
  1 ora
- **Ingredienti**

Per la mousse di salmone

> 150 g di salmone affumicato
> 8 cucchiai di formaggio magro (allo 0-5% di grassi)
> Il succo di 1/2 limone
> Sale e pepe q.b.

Per la mousse di broccoli

> 1/2 broccolo lessato
> 50 g circa di formaggio spalmabile (allo 0,2% di grassi)
> 1 cucchiaio di formaggio magro (allo 0-5% di grassi)
> Il succo di 1/2 limone
> 1 pizzico di curry
> Sale e pepe q.b.

Preparate la mousse di salmone: mettete nel mixer il salmone, il formaggio e il succo di limone. Frullate fino a ottenere un composto omogeneo. Regolate di sale e pepe e distribuite nei bicchieri. Conservate in frigorifero.
Preparate quindi la mousse di broccoli: mettete nel mixer il broccolo, i due tipi di formaggio e il succo di limone. Frullate fino a ottenere un composto omogeneo. Regolate di sale e pepe e distribuite il composto sopra alla mousse di salmone. Spolverate con il curry e rimettete in frigorifero per 1 ora.
Togliete dal frigo 10 minuti prima di servire.

Bocconcini di cetriolo alle uova di lompo

- **CROCIERA PV**
- **CONSOLIDAMENTO ESCLUSO IL GIOVEDÌ PP**
- **STABILIZZAZIONE ESCLUSO IL GIOVEDÌ PP**

- **Per 4 persone**
- **Tempo di preparazione**
  20 minuti
- **Tempo di cottura**
  3 minuti
- **Tempo di riposo in frigorifero**
  10 minuti
- **Ingredienti**
  > 1/2 cetriolo (piccolo)
  > 6 cucchiai di formaggio magro (allo 0-5% di grassi)
  > 50 g circa di formaggio spalmabile (allo 0,2% di grassi)
  > 5-10 gocce di aroma di formaggio di capra (facoltativo)*
  > 1 piccolo vasetto di uova di lompo rosso (circa 100 g)

Pelate il cetriolo e conservate le bucce intatte.
Sbollentate per 3 minuti in acqua il cetriolo per ammorbidirlo. Scolate e lasciate raffreddare a temperatura ambiente.
Tagliate il cetriolo in 4 tronchetti di uguale lunghezza e scavateli lasciando un fondo di circa 1 cm.
In una ciotola mescolate i due tipi di formaggio e unite l'aroma di capra.
Farcite i tronchetti di cetriolo e completate con le uova di lompo.
Tagliate a striscioline le bucce del cetriolo per ottenere dei piccoli lacci e annodateli intorno ai tronchetti.
Conservate in frigorifero fino al momento di servire.

* Disponibile sul sito www.lamiaboutiquedukan.it

Torta di verdure

- **CROCIERA PV**
- **CONSOLIDAMENTO ESCLUSO IL GIOVEDÌ PP**
- **STABILIZZAZIONE ESCLUSO IL GIOVEDÌ PP**

- **Per 8 persone**
- **Da preparare il giorno prima**
- **Tempo di preparazione**
  30 minuti
- **Tempo di cottura**
  25 minuti
- **Tempo di riposo in frigorifero**
  24 ore
- **Ingredienti**
  > 2 melanzane
  > 5 zucchine
  > 2 peperoni rossi
  > 2 peperoni gialli
  > 4 g di agar-agar
  > 200 ml di salsa di pomodoro oppure 200 ml di brodo di pollo sgrassato
  > 1 mazzetto di basilico fresco
  > Sale e pepe q.b.
  > Qualche goccia di aceto balsamico

Affettate le melanzane e le zucchine e cuocetele in forno a 180 °C. Togliete dal forno e tenete da parte.

Cuocete in forno a 180 °C i peperoni interi. Quando la pelle risulterà ben abbrustolita, toglieteli dal forno e metteteli in un sacchetto di carta. Chiudete e lasciate riposare per qualche minuto. Questa operazione consente di spellarli facilmente. Tagliateli poi a fettine.

In una casseruola amalgamate l'agar-agar con la salsa di pomodoro oppure con il brodo di pollo e portate a ebollizione per 2 minuti (sempre mescolando). Regolate di sale e pepe.

Prendete uno stampo da torta e fate più strati alternando le fettine di verdura. Tra uno strato e l'altro mettete alcune foglioline di basilico e versate un po' di gelatina. Terminati gli strati di verdura, versate la gelatina rimanente e pressate con delicatezza. Coprite con un piattino e mettete sopra un peso. Lasciate riposare in frigorifero per 24 ore.

Capovolgete lo stampo su un piatto da portata poco prima di servire, tagliate la torta in 8 porzioni e decorate ciascuna con qualche goccia di aceto balsamico e foglioline di basilico.

Mousse leggera di porri con salsa di pomodoro

- **CROCIERA PV**
- **CONSOLIDAMENTO ESCLUSO IL GIOVEDÌ PP**
- **STABILIZZAZIONE ESCLUSO IL GIOVEDÌ PP**

- **Per 4 persone**
- **Tempo di preparazione**
  20 minuti
- **Tempo di cottura**
  20 minuti
- **Tempo di riposo in frigorifero**
  2 ore
- **Ingredienti**
  > 3 porri (la parte bianca)
  > 1/2 dado da brodo (sgrassato)
  > 400 g di tofu vellutato (morbido)
  > 2 cucchiaini di salsa teriyaki (salsa giapponese, si acquista nei negozi di alimenti asiatici) oppure di soia
  > 2 g di agar-agar
  > 150 ml di latte scremato (oppure latte di soia)
  > 4 pomodori
  > Sale e pepe q.b.

Lavate la parte bianca dei porri e affettateli finemente.
Cuoceteli in una pentola a pressione con 4 cucchiai d'acqua e mezzo dado (a recipiente scoperto) per alcuni minuti a fuoco dolce, aggiungete altra acqua fino a coprire gli ortaggi, chiudete con il coperchio e cuocete a pressione per 10 minuti dal fischio.
Sgocciolate i porri e amalgamateli al tofu e alla salsa giapponese. Mettete da parte.
In una casseruola stemperate l'agar-agar nel latte scremato e portate a ebollizione. Lasciate sobbollire per 30 secondi. Aggiungete i porri e mescolate. Regolate di sale e pepe.
Versate in 4 ciotole rivestite con pellicola da cucina e lasciate raffreddare a temperatura ambiente. Trasferite in frigorifero per 2 ore.
Sbucciate i pomodori e frullateli con un po' di acqua. Versate la salsa in 4 piatti e adagiate dolcemente la mousse (la pellicola ne facilita l'estrazione dalla ciotola).
Decorate a piacere.

Zuppa di Halloween

- **CROCIERA PV**
- **CONSOLIDAMENTO ESCLUSO IL GIOVEDÌ PP**
- **STABILIZZAZIONE ESCLUSO IL GIOVEDÌ PP**

- **Per 4-6 persone**
- **Tempo di preparazione**
  15 minuti
- **Tempo di cottura**
  1 ora
- **Ingredienti**
  > 250 g di polpa di zucca
  > 1 cipolla di medie dimensioni
  > 1 finocchio
  > 1/2 litro di latte scremato
  > 1 carota
  > Sale e pepe q.b.

Tagliate la polpa di zucca a dadini di 1 cm circa.
Pulite e affettate la cipolla e la carota. Pulite e tagliate a strisce il finocchio.
In una casseruola antiaderente fate rinvenire la cipolla, la carota e il finocchio con 4 cucchiai di acqua. Lasciate evaporare e unite la zucca. Versate altra acqua e cuocete a recipiente coperto per 40 minuti, mescolando di tanto in tanto e verificando che l'acqua non evapori totalmente (in questo caso aggiungetene altra).
Scaldate il latte in una casseruola.
Frullate la zuppa e versate lentamente il latte amalgamando bene.
Regolate di sale e pepe e distribuite in piccole ciotole.

Bicchierini di mousse di prosciutto e crema di pomodoro

- **CROCIERA PV**
- **CONSOLIDAMENTO ESCLUSO IL GIOVEDÌ PP**
- **STABILIZZAZIONE ESCLUSO IL GIOVEDÌ PP**

- **Per 6 persone**
- **Tempo di preparazione**
  20 minuti
- **Tempo di riposo in frigorifero**
  1 ora
- **Ingredienti**

  Per la mousse di prosciutto

  > 100 g di prosciutto (oppure di prosciutto di tacchino o di petto di pollo arrosto)
  > 25 g circa di formaggio spalmabile (allo 0,2% di grassi)
  > 100 g di panna (all'11% di grassi)
  > 1 pizzico di paprika
  > Pepe q.b.

  Per la crema di pomodoro

  > 1 scatola di polpa di pomodoro
  > 1 spicchio d'aglio
  > 50 g circa di formaggio spalmabile (allo 0,2% di grassi)
  > 1 cucchiaino di erba cipollina tritata
  > Qualche fogliolina di basilico per decorare

Mettete nel mixer gli ingredienti per la mousse di prosciutto e frullate.
Mettete il composto da parte.
Pulite il mixer e versatevi gli ingredienti per la crema di pomodoro.
Frullate fino a ottenere una crema soffice e omogenea.
Trasferite entrambe le preparazioni in frigorifero e lasciate raffreddare per circa un'ora.
Prendete 6 bicchieri e alternate uno strato di crema di pomodoro e uno di mousse fino al termine degli ingredienti.
Decorate con le foglioline di basilico e servite.

Contiene 1 porzione di alimenti tollerati a persona.

Coppette fresche

- **CROCIERA PV**
- **CONSOLIDAMENTO ESCLUSO IL GIOVEDÌ PP**
- **STABILIZZAZIONE ESCLUSO IL GIOVEDÌ PP**

- **Per 6 persone**
- **Tempo di preparazione**
  15 minuti
- **Ingredienti**
  > 3 cucchiai di surimi affettato sottilmente
  > 1/2 broccolo cotto
  > Il succo di 1 limone verde
  > 50 g di formaggio spalmabile (allo 0,2% di grassi)
  > 3 cucchiai di panna fresca (all'11% di grassi)
  > 1 cucchiaino di aneto fresco tritato
  > 3 fette di salmone affumicato
  > Pepe q.b.
  > 1 stelo di erba cipollina

Prendete 6 coppette e distribuite in ciascuna il surimi.
Frullate il broccolo e irroratelo con il succo di limone.
Versate uno strato di crema di broccoli sopra il surimi.
Frullate il formaggio con la panna e l'aneto, aromatizzate con il pepe e versate uno strato del composto ottenuto sopra a quello di broccoli.
Tagliate il salmone e adagiatelo a spirale sopra allo strato di formaggio.
Decorate con alcune striscioline di surimi e con l'erba cipollina.

Contiene 1/2 porzione di alimenti tollerati a persona.

Cetriolo con cuore di salmone affumicato

- **CROCIERA PV**
- **CONSOLIDAMENTO ESCLUSO IL GIOVEDÌ PP**
- **STABILIZZAZIONE ESCLUSO IL GIOVEDÌ PP**

- **Per 6 persone**
- **Tempo di preparazione**
  30 minuti
- **Tempo di riposo in frigorifero**
  6 ore
- **Ingredienti**
  > 1 cetriolo
  > 1 cucchiaino di agar-agar in polvere
  > 2 tranci di salmone affumicato
  > 1 pizzico di sale

Portate a ebollizione 250 ml di acqua con un pizzico di sale.

Nel frattempo pelate il cetriolo ed eliminate i semi.

Quando l'acqua bolle, aggiungete l'agar-agar, amalgamate bene e lasciate sobbollire per circa 2 minuti. A fuoco spento unite il cetriolo e frullate.

Tagliate il salmone affumicato a fettine.

In 6 stampi monoporzione flessibili versate il composto di cetriolo fino a metà altezza, aggiungete il salmone e terminate con un ultimo strato di cetriolo.

Lasciate raffreddare a temperatura ambiente affinché la preparazione si solidifichi.

Mettete in frigorifero per 6 ore prima di servire.

Zuppa di peperoni allo zenzero

- **CROCIERA PV**
- **CONSOLIDAMENTO ESCLUSO IL GIOVEDÌ PP**
- **STABILIZZAZIONE ESCLUSO IL GIOVEDÌ PP**

- **Per 4 persone**
- **Tempo di preparazione**
  20 minuti
- **Tempo di cottura**
  50 minuti
- **Ingredienti**
  > 3 peperoni rossi
  > 1 cipolla rossa
  > 2 spicchi d'aglio
  > 1 pezzetto da 5 cm di zenzero
  > 1 cucchiaino di cumino macinato oppure di curcuma in polvere
  > 1 cucchiaino di coriandolo macinato
  > 1 cucchiaio di amido di mais
  > 900 ml di brodo di pollo sgrassato
  > 3 cucchiai di formaggio spalmabile (allo 0,2% di grassi)
  > 1 cucchiaino di panna (all'11% di grassi)
  > Sale e pepe q.b.

Preriscaldate il forno a 200 °C.
Adagiate in una teglia rivestita con carta da forno i peperoni puliti e tagliati a metà, la cipolla sbucciata e tagliata in 4 parti, 2 spicchi d'aglio non sbucciati. Cuocete per 4 minuti fino a quando la pelle dei peperoni si stacca.
In una pentola antiaderente scaldate 4 cucchiai di acqua con lo zenzero grattuggiato, il cumino e il coriandolo per 5 minuti. Unite l'amido di mais e mescolate bene. Versate il brodo di pollo, coprite con un coperchio e lasciate cuocere per 30 minuti a fuoco dolce.
Sbucciate l'aglio e aggiungetelo alla zuppa insieme con la cipolla.
Eliminate la pelle dai peperoni, tagliateli a pezzetti (tenendo da parte alcune striscioline per la decorazione) e uniteli alla zuppa. Salate, pepate e proseguite la cottura per 5 minuti.
Frullate la zuppa fino a renderla omogenea. Versatela nelle ciotole e servitela con il formaggio. Decorate con le strisce di peperone.

Contiene 1/2 porzione di alimenti tollerati a persona.

Tofu tandoori

- ATTACCO
- CROCIERA
- CONSOLIDAMENTO
- STABILIZZAZIONE

- **Per 2 persone**
- **Tempo di preparazione**
  10 minuti
- **Tempo di riposo in frigorifero**
  Da 3 a 8 ore
- **Tempo di cottura**
  25 minuti
- **Ingredienti**
  > 1 cucchiaio di succo di limone
  > 1 vasetto di yogurt naturale magro compatto (allo 0% di grassi)
  > 2 cucchiai di spezie tandoori (si acquistano nei negozi di spezie e/o alimenti orientali)
  > 250 g di tofu
  > Sale e pepe q.b.

Mescolate il succo di limone con lo yogurt e le spezie.
Tagliate il tofu a dadini e aggiungetelo al composto di yogurt e spezie.
Mescolate bene fino a quando tutti i dadini di tofu saranno ricoperti dallo yogurt. Lasciate riposare in frigorifero per qualche ora, se possibile per una notte.
Preriscaldate il forno a 200 °C.
Adagiate i dadini di tofu in una teglia rivestita con carta da forno e irrorate con la marinata.
Cuocete nel forno per circa 25 minuti rigirandoli spesso.
Regolate di sale e pepe e servite subito.

Cocktail fresco di bresaola

- **CROCIERA PV**
- **CONSOLIDAMENTO ESCLUSO IL GIOVEDÌ PP**
- **STABILIZZAZIONE ESCLUSO IL GIOVEDÌ PP**

- **Per 6 persone**
- **Tempo di preparazione**
  20 minuti
- **Ingredienti**
  > 3 pomodori medi
  > 6 carote
  > 300 g di gambi di sedano
  > 1/2 mazzetto di cerfoglio oppure di prezzemolo fresco
  > 6 pizzichi di curry in polvere
  > 12 fette di bresaola
  > Sale e pepe q.b.

Pelate i pomodori ed eliminate i semi. Pulite, sbucciate e affettate le carote. Affettate il sedano.

Frullate le verdure e regolate di sale e pepe.

Tritate finemente il cerfoglio (oppure il prezzemolo).

Distribuite il frullato di verdure in 6 bicchieri, aromatizzate con il curry e il cerfoglio (o il prezzemolo), aggiungete la bresaola tagliata a striscioline sottili (oppure macinata) e servite.

Plumcake alla zucca

- **CROCIERA PV**
- **CONSOLIDAMENTO ESCLUSO IL GIOVEDÌ PP**
- **STABILIZZAZIONE ESCLUSO IL GIOVEDÌ PP**

- **Per 8 persone**
- **Tempo di preparazione**
  15 minuti
- **Tempo di cottura**
  1 ora e 5 minuti
- **Ingredienti**
  > 400 g di polpa di zucca
  > 3 uova
  > 10 gocce di aroma di burro*
  > 20 gocce di aroma di castagna
  > 100 ml di latte scremato
  > 50 g di farina integrale
  > 50 g di crusca d'avena
  > 1/2 bustina di lievito in polvere
  > 150 g di petto di pollo tagliato a dadini
  > 120 g di formaggio dolce grattugiato tipo gouda (al 5-7% di grassi)
  > Prezzemolo e noce moscata a piacere
  > Sale e pepe q.b.

Tagliate la polpa di zucca a dadini e fateli rinvenire in una padella antiaderente con 4 cucchiai di acqua, sempre mescolando (versate altra acqua se necessario). Verificate la cottura con la punta del coltello: se affonda spegnete il fuoco. Frullate la zucca e tenete da parte. Preriscaldate il forno a 180 °C.

In una terrina sbattete le uova con gli aromi (di burro e di castagna), aggiungete il frullato di zucca, il latte, la farina, la crusca d'avena e il lievito e mescolate bene. Unite le striscioline di pollo e il formaggio, profumate con prezzemolo tritato e noce moscata, regolate di sale e pepe e amalgamate.

Trasferite il composto in una pirofila rettangolare oppure da soufflé e infornate per 50 minuti. Verificate la cottura con la punta del coltello.

Contiene 1/2 porzione di alimenti tollerati a persona.

* Disponibile sul sito www.lamiaboutiquedietadukan.it

Portate principali

Omelette alla menta e curry

- ATTACCO
- CROCIERA
- CONSOLIDAMENTO
- STABILIZZAZIONE

- **Per 2 persone**
- **Tempo di preparazione**
  5 minuti
- **Tempo di cottura**
  10 minuti
- **Ingredienti**
  > 4 uova intere
  > 50 g di formaggio spalmabile (allo 0,2% di grassi)
  > 1 presa abbondante di curry
  > Qualche fogliolina di menta fresca
  > Sale e pepe q.b.

In una terrina sbattete le uova con il formaggio, regolate di sale e pepe e profumate con il curry.
Tritate le foglie di menta e unitele alla preparazione. Mescolate bene.
Fate cuocere l'omelette da ambo i lati a fuoco dolce in una padella antiaderente.

Cavolo bianco ai frutti di mare

- **CROCIERA PV**
- **CONSOLIDAMENTO ESCLUSO IL GIOVEDÌ PP**
- **STABILIZZAZIONE ESCLUSO IL GIOVEDÌ PP**

- **Per 4 persone**
- **Tempo di preparazione**
  30 minuti
- **Tempo di cottura**
  75 minuti
- **Ingredienti**
  > 2 kg di cavolo bianco
  > 10 bacche di ginepro
  > 80 ml di vino bianco fruttato
  > 600 g di filetti di pesce fresco bianco (merluzzo, branzino, orata…)
  > 12 capesante
  > 6 cozze
  > 2 filetti di merluzzo affumicato
  > 6 gamberi
  > 6 fette di anguilla affumicata
  > Aneto a piacere
  > Sale e pepe q.b.
  > spiedini di 12 cm di lunghezza

Per la salsa
> 2 scalogni
> 100 ml di vino bianco
> 10 gocce di aroma di burro*
> Sale e pepe q.b.

Sciacquate il cavolo bianco più volte e mettetelo in un cestello per la cottura a vapore. Profumate con il ginepro, irrorate con il vino bianco e versate 400 ml di acqua. Cuocete per 75 minuti.
Tagliate i filetti di pesce a dadini e aromatizzate con il pepe. Componete gli spiedini alternando il pesce bianco con le capesante.
Pulite le cozze e tenetele da parte.
20 minuti prima che la cottura del cavolo sia terminata, aggiungete gli spiedini nel cestello e dopo 10 minuti il merluzzo affumicato e le cozze. Dopo 7 minuti aggiungete anche i gamberi e l'anguilla.
Preparate la salsa. Pulite lo scalogno e mettetelo in una casseruola con il vino, 5 cucchiai di acqua e l'aroma di burro. Regolate di sale e pepe e riducete a fuoco vivo. Tenete la salsa a bagnomaria fino al momento di servire.
Distribuite il cavolo nei piatti e adagiatevi il pesce, decorate con l'aneto e servite la salsa a parte.

Contiene 1 porzione di alimenti tollerati a persona.

* Disponibile sul sito www.lamiaboutiquedietadukan.it

Merluzzo gratinato ai funghi

- **CROCIERA PV**
- **CONSOLIDAMENTO ESCLUSO IL GIOVEDÌ PP**
- **STABILIZZAZIONE ESCLUSO IL GIOVEDÌ PP**

- **Per 4 persone**
- **Tempo di preparazione**
  30 minuti
- **Tempo di cottura**
  40 minuti
- **Ingredienti**
  > 600 g di polpa di merluzzo
  > 1 piccolo mazzetto di timo
  > 2 cipolle
  > 4 chiodi di garofano
  > 2 foglie di alloro
  > 1 mazzetto di prezzemolo
  > 400 ml di brodo di pollo sgrassato
  > 250 g di funghi freschi
  > 3 spicchi d'aglio
  > 6 cucchiai di panna fresca (all'11% di grassi)
  > 60 g di formaggio dolce grattugiato tipo gouda (al 5-7% di grassi)
  > Sale e pepe q.b.

Scaldate un po' d'acqua in una casseruola, unite il merluzzo, il timo, una cipolla sbucciata e infilzata con i chiodi di garofano, l'alloro e un po' di prezzemolo e cuocete per 10 minuti.
In un'altra casseruola versate 200 ml di brodo di pollo, aggiungete i funghi puliti, regolate di sale e pepe e portate a cottura.
Preriscaldate il forno a 180 °C.
Unite l'aglio affettato e il prezzemolo tritato ai funghi, mescolate e spegnete il fuoco. Coprite con un coperchio e lasciate insaporire a temperatura ambiente.
In una padella antiaderente fate appassire una cipolla affettata con 200 ml di brodo, lasciate stufare a fuoco dolce fino a quando il liquido di cottura sarà evaporato.
Riaccendete il fuoco sotto i funghi, aggiungete la cipolla stufata e il merluzzo sminuzzato, regolate di sale e pepe, mescolate e incorporate la panna.
Versate in una pirofila, cospargete con il formaggio e infornate per 20 minuti.

Contiene 2 porzioni di alimenti tollerati a persona.

Vongole mediterranee

- **CROCIERA PV**
- **CONSOLIDAMENTO ESCLUSO IL GIOVEDÌ PP**
- **STABILIZZAZIONE ESCLUSO IL GIOVEDÌ PP**

- **Per 2-4 persone**
- **Tempo di preparazione**
  10 minuti
- **Tempo di cottura**
  35 minuti
- **Ingredienti**
  > 6 scalogni
  > 400 g di pomodori pelati e tagliati a dadini
  > 1 cucchiaino di aroma di cognac
  > Alcuni rametti di timo
  > 1 cucchiaio di origano
  > 4 cucchiai di panna fresca (all'11% di grassi)
  > 1 kg di vongole
  > 2 cucchiai di amido di mais

Pulite gli scalogni, affettateli e fateli rinvenire con 4 cucchiai di acqua. Aggiungete i pomodori, l'aroma di cognac, il timo e l'origano, la panna e l'amido di mais stemperato in 2 cucchiai d'acqua. Mescolate e fate cuocere per 5 minuti.
Aggiungete le vongole pulite e proseguite la cottura a fuoco dolce per 25 minuti.

Contiene 1 porzione e mezza di alimenti tollerati a persona.

Medaglioni di sogliola e salmone

- ATTACCO
- CROCIERA
- CONSOLIDAMENTO
- STABILIZZAZIONE

- **Per 4 persone**
- **Tempo di preparazione**
  20 minuti
- **Tempo di cottura**
  20 minuti
- **Ingredienti**
  > 1 trancio di salmone di circa 160 g
  > 4 filetti di sogliola
  > Besciamella Dukan*
  > 1 limone
  > Sale grosso e pepe in grani q.b.

Preriscaldate il forno a 180-200 °C.
Tagliate il salmone in 4 pezzi (senza la pelle).
Tagliate i filetti di sogliola a strisce e utilizzatele per avvolgere i pezzi di salmone. Fermate con spago da cucina.
Mettete i medaglioni di pesce in una teglia rivestita con carta da forno, insaporite con sale grosso e pepe in grani e completate con fettine sottili di limone.
Cuocete in forno per 20 minuti.
Servite con la besciamella Dukan oppure, in fase di crociera, con salsa di pomodoro.

* Per preparare la besciamella *vedi* p. 102.

Coniglio alla senape con indivia stufata

- **CROCIERA PV**
- **CONSOLIDAMENTO ESCLUSO IL GIOVEDÌ PP**
- **STABILIZZAZIONE ESCLUSO IL GIOVEDÌ PP**

- **Per 4 persone**
- **Tempo di preparazione**
  15 minuti
- **Tempo di cottura**
  55 minuti
- **Ingredienti**
  > 1 coniglio tagliato a pezzi
  > 2 scalogni
  > 1/2 litro di brodo sgrassato
  > 3 cucchiai di senape
  > 2 cucchiai di panna (all'11% di grassi)
  > 1 pizzico di zenzero grattugiato
  > 1 cucchiaio di prezzemolo fresco tritato
  > 2 rametti di rosmarino
  > Pepe q.b.

  Per l'indivia
  > 3 kg di indivia
  > 1 dado da brodo magro
  > 1 cucchiaio di prezzemolo fresco tritato
  > Pepe q.b.

Oliate e asciugate con un foglio di carta da cucina il fondo di un tegame. Versate 100 ml di acqua e portate a ebollizione, adagiate i pezzetti di coniglio e cuocete da ambo le parti. Unite gli scalogni tritati e mescolate. Bagnate con il brodo, aromatizzate con il pepe e cuocete a fuoco dolce e recipiente coperto per 30 minuti.
Aggiungete la senape, la panna, lo zenzero, il prezzemolo e il rosmarino. Mescolate bene con un cucchiaio di legno e proseguite la cottura per 15 minuti.
Nel frattempo lavate e asciugate l'indivia, tagliatela a rondelle, mettetela in una casseruola e cuocete dolcemente con il dado sbriciolato e 100 ml d'acqua. Aromatizzate con il pepe e il prezzemolo.
Cuocete fino a quando il liquido di cottura sarà evaporato.
Servite il coniglio con l'indivia stufata.

Contiene 1/2 porzione di alimenti tollerati a persona.

Cozze all'orientale

- **CROCIERA PV**
- **CONSOLIDAMENTO ESCLUSO IL GIOVEDÌ PP**
- **STABILIZZAZIONE ESCLUSO IL GIOVEDÌ PP**

- **Per 2 persone**
- **Tempo di preparazione**
  10 minuti
- **Tempo di cottura**
  10 minuti
- **Ingredienti**
  > 1 kg di cozze
  > 1 scatola di salsa di pomodoro
  > 2 scalogni
  > 1/2 mazzetto di prezzemolo
  > 1 cucchiaino di cumino in polvere oppure 1 cucchiaio di maggiorana fresca tritata
  > 1 pizzico di zenzero in polvere
  > Qualche fogliolina di basilico

Mettete le cozze pulite in una casseruola, versatevi 500 ml di acqua e la salsa di pomodoro.

Aggiungete gli scalogni tritati.

Alcuni minuti prima del termine della cottura unite il prezzemolo e le spezie.

Quando le cozze sono aperte, decorate con qualche fogliolina di basilico e servite.

Vitello con finocchi e carote

- **CROCIERA PV**
- **CONSOLIDAMENTO ESCLUSO IL GIOVEDÌ PP**
- **STABILIZZAZIONE ESCLUSO IL GIOVEDÌ PP**

- **Per 4 persone**
- **Tempo di preparazione**
  35 minuti
- **Tempo di cottura**
  75 minuti
- **Ingredienti**
  > 4 finocchi
  > 1 grossa cipolla
  > 4 carote
  > 1 porro
  > 800 g di vitello sgrassato
  > 1 dado sgrassato
  > 2 chiodi di garofano
  > 2 anici stellati (facoltativi)
  > 2 foglie d'alloro
  > 2 cucchiai di amido di mais
  > 800 g di polpa di zucca
  > 1 cucchiaino di curry
  > Sale e pepe q.b.

Pulite le verdure: affettate finemente la cipolla e il porro; tagliate a rondelle sottili le carote; affettate i finocchi.
Tagliate la carne in grossi pezzi e fatela rinvenire con la cipolla e 2 cucchiai di acqua in una casseruola con fondo antiaderente.
Quando la carne inizia a dorare, ricopritela di acqua e sbriciolate il dado, mescolate bene e unite le verdure, i chiodi di garofano, l'anice (facoltativo) e l'alloro. Regolate di sale e pepe e portate a ebollizione.
Mescolate e cuocete a fuoco dolce per un'ora.
Alcuni minuti prima del termine della cottura stemperate l'amido di mais, assaggiate e regolate nuovamente di sale e pepe se necessario.
Nel frattempo tagliate la polpa di zucca in dadini di 1 cm e cuocetela in una padella antiaderente con acqua per 30-40 minuti. Se necessario bagnate con altra acqua. Al termine della cottura unite il curry, regolate di sale e pepe e schiacciate la zucca con una forchetta oppure frullate.
Servite la carne con le verdure e la crema di zucca.
In fase di consolidamento, come alternativa alla zucca potete utilizzare riso o grano lessato.

Contiene 1/2 porzione di alimenti tollerati a persona.

Flan di carote

- **CROCIERA PV**
- **CONSOLIDAMENTO ESCLUSO IL GIOVEDÌ PP**
- **STABILIZZAZIONE ESCLUSO IL GIOVEDÌ PP**

- **Per 4 persone**
- **Tempo di preparazione**
  15 minuti
- **Tempo di cottura**
  20 minuti
- **Ingredienti**
  > 200 g di carote
  > 2 uova
  > 200 g di formaggio spalmabile (allo 0,2% di grassi) oppure 100 g di formaggio spalmabile (allo 0,2% di grassi) e 4 cucchiai di panna fresca (all'11% di grassi)
  > 1 pizzico di noce moscata in polvere
  > 60 g di formaggio dolce grattugiato tipo gouda (al 5-7% di grassi)
  > 1-2 cucchiai di prezzemolo tritato
  > Sale e pepe q.b.

Preriscaldate il forno a 180-200 °C.
Pulite, lavate e grattugiate le carote.
In una terrina capiente sbattete le uova, unite il formaggio cremoso, quello grattugiato e la noce moscata, regolate di sale e pepe (o aggiungete altre spezie a piacere, come curry o cumino).
Mettete le carote in una teglia leggermente oliata e asciugata con un foglio di carta da cucina, insaporite con il prezzemolo, mescolate e versatevi il composto di uova e formaggio.
Infornate e cuocete per 20 minuti.
Lasciate raffreddare e adagiate il flan in un piatto da portata. Insaporite con il prezzemolo e servite.
Il flan di carote è eccellente con la carne bianca.

Contiene da 1/2 a 1 porzione di alimenti tollerati a persona.

Quiche ai funghi e tofu

- **CROCIERA PV**
- **CONSOLIDAMENTO ESCLUSO IL GIOVEDÌ PP**
- **STABILIZZAZIONE ESCLUSO IL GIOVEDÌ PP**

- **Per 8 persone**
- **Tempo di preparazione**
  20 minuti
- **Tempo di cottura**
  45 minuti
- **Ingredienti**
  > 600 g di funghi champignon (o altri funghi a piacere)
  > Prezzemolo fresco a piacere
  > 400 g di tofu (soffice)
  > 120 g di formaggio dolce grattugiato tipo gouda (al 5-7% di grassi)
  > 1/2 cucchiaino di noce moscata in polvere (oppure curcuma o zafferano)
  > 8 pomodorini ciliegia
  > 4 uova
  > Sale e pepe q.b.

Preriscaldate il forno a 180-200 °C.
Lavate i funghi e asciugateli adagiandoli sopra un telo da cucina.
Affettateli e fateli rinvenire in una padella antiaderente con un po' di prezzemolo. Regolate di sale e pepe.
Nel frattempo in una terrina capiente sbattete le uova, unite il tofu, il formaggio grattugiato e la noce moscata. Unite i funghi quando iniziano a dorare. Mescolate bene e regolate di sale e pepe se necessario.
Versate il tutto in una teglia da forno e distribuite i pomodorini affondandoli delicatamente nel composto. Insaporite con il prezzemolo.
Infornate per 40 minuti. Verificate la cottura e se necessario prolungatela.
Potete accompagnare la quiche con insalata a piacere.

Contiene 1/2 porzione di alimenti tollerati a persona.

Zucca ripiena con ragù di carne

- **CROCIERA PV**
- **CONSOLIDAMENTO ESCLUSO IL GIOVEDÌ PP**
- **STABILIZZAZIONE ESCLUSO IL GIOVEDÌ PP**

- **Per 4 persone**
- **Tempo di preparazione**
  15 minuti
- **Tempo di cottura**
  50 minuti
- **Ingredienti**
  > 2 piccole zucche rotonde
  > 1 cipolla
  > 400 g di carne bovina magra macinata
  > 250 g di salsa di pomodoro
  > 1/2 cucchiaino di peperoncino rosso dolce in polvere
  > 1 pizzico di zenzero in polvere
  > Sale e pepe q.b.

Preriscaldate il forno a 180-200 °C.
Tagliate le zucche a metà per la lunghezza. Eliminate i semi con l'aiuto di un cucchiaio e infornate per circa 20 minuti.
Nel frattempo pulite e affettate finemente la cipolla. Unitela alla carne e trasferite il tutto in una padella antiaderente. Cuocete a fuoco dolce fino a quando la carne inizia a dorare, aggiungete il pomodoro e le spezie, regolate di sale e pepe e mescolate.
Riempite le zucche con il ragù.
Infornate nuovamente e cuocete per 30 minuti.

Cheeseburger al curry

- **CROCIERA PV**
- **CONSOLIDAMENTO ESCLUSO IL GIOVEDÌ PP**
- **STABILIZZAZIONE ESCLUSO IL GIOVEDÌ PP**

- **Per 2 persone**
- **Tempo di preparazione**
  15 minuti
- **Tempo di cottura**
  15 minuti
- **Ingredienti**
  > 1 grossa cipolla
  > 1/2 cucchiaino di curry
  > 1 bel pomodoro
  > Qualche foglia di insalata
  > 80 g di formaggio a pasta molle (al 5-7% di grassi) (tollerato in fase di crociera) o 4 fette di formaggio tipo cheddar light (tollerato in fase di consolidamento)
  > 2 fette di pollo arrosto
  > Ketchup a basso apporto di grassi

Per il Pane Dukan
> 2 cucchiai abbondanti di crusca d'avena
> 1 cucchiaio abbondante di crusca di grano
> 1 cucchiaino di lievito in polvere
> 2 cucchiai di formaggio spalmabile (allo 0,2% di grassi)
> 2 uova + 2 albumi

In una terrina capiente mescolate tutti gli ingredienti per il pane in quest'ordine: i 2 tipi di crusca, il lievito, il formaggio, le uova intere e gli albumi montati a neve. Versate in 2 pirofile rotonde e cuocete per 5 minuti nel forno a microonde. Lasciate raffreddare a temperatura ambiente.
Pulite e affettate sottilmente la cipolla e fatela rinvenire in una padella antiaderente con un po' di acqua e il curry.
Lavate e affettate il pomodoro. Lavate le foglie di insalata.
Quando i due panini saranno raffreddati, estraeteli dalle pirofile, tagliateli a metà e grigliate le quattro fette ottenute.
Adagiate due fette di pane in due piatti, distribuitevi sopra il formaggio, la cipolla al curry, il pomodoro e l'insalata, aggiungete il pollo arrosto, insaporite con il ketchup e completate con le due fette di pane rimanenti.
Servite subito.

Contiene 1/2 porzione di alimenti tollerati a persona.

Chilí con carne al tofu

- **CROCIERA PV**
- **CONSOLIDAMENTO ESCLUSO IL GIOVEDÌ PP**
- **STABILIZZAZIONE ESCLUSO IL GIOVEDÌ PP**

- **Per 2 persone**
- **Tempo di preparazione**
  10 minuti
- **Tempo di cottura**
  20 minuti
- **Ingredienti**
  > 2 spicchi d'aglio
  > 2 cipolle
  > 2 peperoni verdi
  > 400 g di carne bovina magra macinata
  > 300 g di tofu
  > 1 barattolo di polpa di pomodoro
  > 1 cucchiaio di chili in polvere
  > 1 foglia d'alloro
  > 1 pizzico di cumino oppure di curcuma in polvere
  > Sale e pepe q.b.

In una padella antiaderente fate rinvenire a fuoco dolce per 5 minuti l'aglio tritato, le cipolle affettate finemente, i peperoni tagliati a dadini, la carne e il tofu sbriciolato. Unite il pomodoro, le spezie e l'alloro e mescolate bene. Regolate di sale e pepe e portate a ebollizione. Coprite con un coperchio e cuocete a fuoco basso per 15 minuti. A piacere accompagnate con zucchine o insalata.

Lasagne di melanzane al tofu

- **CROCIERA PV**
- **CONSOLIDAMENTO ESCLUSO IL GIOVEDÌ PP**
- **STABILIZZAZIONE ESCLUSO IL GIOVEDÌ PP**

- **Per 2 persone**
- **Tempo di preparazione**
  25 minuti
- **Tempo di riposo**
  30 minuti
- **Tempo di cottura**
  35 minuti
- **Ingredienti**
  > 1 melanzana media
  > 1 zucchina
  > 1-2 pomodori
  > 100 g di tofu alle erbe
  > 1 cipolla
  > 1 spicchio d'aglio
  > 1/2 dado di pollo sgrassato
  > 1 cucchiaino di spezie miste a piacere
  > 60 g di formaggio grattugiato dolce tipo gouda (al 5-7% di grassi)
  > Sale q.b.

Lavate e affettate la melanzana, cospargetela di sale e lasciatela riposare per 30 minuti circa.
Sciacquate poi le fettine sotto l'acqua fredda e asciugate.
Preriscaldate il forno a 180-200 °C.
Pulite e affettate la zucchina e i pomodori. Affettate il tofu. Tritate la cipolla e l'aglio.
In una padella antiaderente grigliate per qualche minuto le fette di melanzana con 4 cucchiai di acqua e il dado sbriciolato fino a quando saranno dorate.
Procedete nello stesso modo prima con la zucchina e poi con il tofu. Tenete da parte.
In un'altra padella antiaderente fate rinvenire la cipolla e l'aglio con 2 cucchiai di acqua e aggiungete le fettine di pomodoro. Insaporite con le spezie e mescolate.
In una teglia rivestita con carta da forno fate un primo strato con le fettine di melanzana, un secondo strato con le zucchine, uno di tofu, distribuite un po' di formaggio grattugiato, unite il pomodoro, la cipolla e l'aglio e terminate con un ultimo strato di melanzane. Infornate per 25 minuti.
5 minuti prima del termine della cottura distribuite un po' di formaggio grattugiato.

Contiene 1 porzione di alimenti tollerati a persona.

Manzo ai peperoni

- **CROCIERA PV**
- **CONSOLIDAMENTO ESCLUSO IL GIOVEDÌ PP**
- **STABILIZZAZIONE ESCLUSO IL GIOVEDÌ PP**

- **Per 2 persone**
- **Tempo di preparazione**
  15 minuti
- **Tempo di cottura**
  20 minuti
- **Ingredienti**
  > 2 peperoni rossi
  > 1 peperone verde
  > 400 g di carne di manzo magra
  > 2 scalogni
  > 1 cucchiaino di salsa di soia
  > Erbe aromatiche a piacere
  > Sale e pepe q.b.

Pulite i peperoni e tagliateli a striscioline.
Tagliate la carne a dadini.
In una padella antiaderente fate rinvenire gli scalogni tritati con la carne per 5-10 minuti. Regolate di sale.
Unite i peperoni e proseguite la cottura, mescolando (bagnate con acqua se necessario) per 10 minuti.
Due minuti prima del termine della cottura aggiungete la salsa di soia.
Regolate di sale e pepe e insaporite con le erbe aromatiche.

Pollo al curry con verdure

- **CONSOLIDAMENTO ESCLUSO IL GIOVEDÌ PP**
- **STABILIZZAZIONE ESCLUSO IL GIOVEDÌ PP**

- **Per 2 persone**
- **Tempo di preparazione**
  20 minuti
- **Tempo di cottura**
  70 minuti
- **Ingredienti**
  > 1 melanzana
  > 2 zucchine
  > 2 cipolle
  > 1 cucchiaino di olio extravergine d'oliva
  > 1 dado di pollo sgrassato
  > 1 barattolo da 400 g di polpa di pomodoro
  > 2 cucchiaini di curry
  > 1 cucchiaio di prezzemolo fresco tritato
  > 2 fette di pollo
  > 1 mela
  > 1 pizzico di zenzero
  > 4 cucchiai di panna (all'11% di grassi)
  > Sale e pepe q.b.

Lavate e tagliate a pezzetti la melanzana e le zucchine. Pulite e affettate una cipolla.
Cuocete le verdure per 20 minuti in una padella antiaderente con l'olio e 4 cucchiai d'acqua. Bagnate con altra acqua se necessario.
Unite mezzo dado sbriciolato e la polpa di pomodoro, mescolate bene e insaporite con un cucchiaino di curry e il prezzemolo. Regolate di sale e pepe e cuocete a fuoco dolce per 40 minuti.
Tagliate le fette di pollo a dadini.
Affettate l'altra cipolla e la mela sbucciata. Fate rinvenire la cipolla e la mela in una padella antiaderente con 4 cucchiai d'acqua.
Aggiungete l'altra metà di dado sbriciolato e 4 cucchiai d'acqua. Unite il pollo, mescolate e insaporite con il restante cucchiaino di curry e lo zenzero. Proseguite la cottura per pochi minuti a fuoco dolce.
Regolate di sale e pepe.
Al termine della cottura versate la panna e servite.

Contiene 2 porzioni di alimenti tollerati a persona.

Filetti di triglia al basilico

- CROCIERA PV
- CONSOLIDAMENTO ESCLUSO IL GIOVEDÌ PP
- STABILIZZAZIONE ESCLUSO IL GIOVEDÌ PP

- **Per 3 persone**
- **Tempo di preparazione**
  15 minuti
- **Tempo di cottura**
  10 minuti
- **Ingredienti**
  > 350 g di pomodori
  > 1 spicchio d'aglio
  > 1 mazzetto di basilico fresco
  > 1 cucchiaio di olio extravergine d'oliva
  > 6 filetti di triglia
  > 1 cucchiaino di aceto balsamico
  > Sale e pepe q.b.

Lavate i pomodori e tagliateli a pezzetti.
Sbucciate l'aglio.
Lavate, asciugate e sfogliate il basilico. Mettete il basilico e l'aglio in un frullatore insieme con 1 cucchiaino d'olio e frullate fino a ottenere una purea.
Asciugate i filetti di triglia con carta da cucina, spennellateli con il restante cucchiaino d'olio.
Scaldate una padella antiaderente e rosolate a fuoco vivo i filetti da entrambe le parti. Regolate di sale, togliete i filetti e tenete in caldo.
Nella stessa padella versate l'aceto balsamico e amalgamatelo al fondo di cottura. Lasciate cuocere a fuoco basso per 1 minuto. Aggiungete i pomodori e proseguite la cottura per 2 minuti a recipiente coperto, mescolando bene. Regolate di sale e pepe.
Distribuite i pomodori all'aceto balsamico nei piatti, adagiatevi i filetti di triglia e completate con la purea di basilico e aglio. Decorate a piacere con foglioline di basilico. Servite subito.

Capesante alla normanna

- **CONSOLIDAMENTO ESCLUSO IL GIOVEDÌ PP**
- **STABILIZZAZIONE ESCLUSO IL GIOVEDÌ PP**

- **Per 2 persone**
- **Tempo di preparazione**
  20 minuti
- **Tempo di cottura**
  20 minuti
- **Ingredienti**
  > 4 cucchiaini di senape
  > 1 mazzetto di erbe aromatiche a piacere
  > 300 g di pomodori
  > 1 mela
  > 300 g di capesante
  > 2 scalogni
  > 1 pizzico di paprika
  > 1 limone
  > 2 cucchiai di panna (all'11% di grassi)
  > 1 piccolo mazzetto di basilico tritato
  > Sale e pepe q.b.

Preriscaldate il forno a 180 °C.
Mescolate la senape con le erbe aromatiche tritate. Regolate di sale e pepe e tenete da parte.
Tagliate il «cappello» dei pomodori e adagiateli in una teglia da forno.
Distribuite il composto di senape ed erbe aromatiche sui pomodori, coprite con il «cappello» e infornate per 20 minuti.
Nel frattempo sbucciate e affettate finemente la mela.
In una padella antiaderente fate rinvenire le capesante con le fettine di mela, aggiungete gli scalogni affettati e condite con sale, pepe e paprika. Irrorate con il succo di limone, unite la panna e il basilico tritato e mescolate.
Distribuite le capesante nei piatti e servite con i pomodori cotti al forno.

Contiene 1 porzione di alimenti tollerati a persona.

Pollo al latte di cocco con fagiolini e tofu

- **CONSOLIDAMENTO ESCLUSO IL GIOVEDÌ PP**
- **STABILIZZAZIONE ESCLUSO IL GIOVEDÌ PP**

- **Per 2 persone**
- **Tempo di preparazione**
  10 minuti
- **Tempo di cottura**
  15 minuti
- **Ingredienti**
  > 1 peperone verde
  > 2 fettine di pollo
  > 200 ml di latte di cocco
  > 1 cucchiaino di curry in polvere
  > 100-150 g di tofu naturale
  > 400 g di fagiolini
  > Semi di sesamo e di papavero q.b.
  > Sale e pepe q.b.

Lavate e pulite il peperone e tagliatelo a striscioline.
Fate rinvenire in una padella antiaderente le fettine di pollo tagliate a pezzetti con il latte di cocco e il curry. Unite il peperone e mescolate.
Tagliate il tofu a dadini. In un'altra padella fate rinvenire a fuoco dolce i fagiolini e il tofu con un po' di fondo di cottura del pollo. Regolate di sale e pepe.
Distribuite nei piatti il pollo e irrorate con la salsa al cocco e peperoni. Aggiungete i fagiolini e il tofu. Decorate con i semi di sesamo e di papavero.

Gamberetti e pollo in salsa di cocco speziato

CONSOLIDAMENTO ESCLUSO IL GIOVEDÌ PP

STABILIZZAZIONE ESCLUSO IL GIOVEDÌ PP

- **Per 2 persone**
- **Tempo di preparazione**
  20 minuti
- **Tempo di cottura**
  20 minuti
- **Ingredienti**
  > 1 fetta di pollo
  > 300 g di gamberi
  > 2 spicchi d'aglio
  > 1 cipolla
  > 1 cucchiaino di curry
  > 1/2 cucchiaino di peperoncino rosso dolce in polvere
  > 200 ml di latte di cocco allungato con acqua
  > 6 asparagi bianchi
  > Sale e pepe q.b.

Tagliate il pollo a pezzetti e fatelo rinvenire in una padella antiaderente a fuoco dolce con poca acqua.
Quando l'acqua sarà evaporata aggiungete i gamberi sgusciati. Lasciate insaporire per 1 minuto mescolando con un cucchiaio di legno.
Sbucciate aglio e cipolla e tritateli.
Mettete 4 cucchiai di acqua in una padella e unite il composto di aglio e cipolla. Lasciate cuocere a fuoco dolce per qualche minuto. Unite le spezie, regolate di sale e pepe e versate il latte di cocco allungato con acqua. Proseguite la cottura per 5 minuti a fuoco dolce, mescolando di tanto in tanto.
Aggiungete il pollo e i gamberi e mescolate. Cuocete per 5 minuti a fuoco dolce.
Nel frattempo cuocete gli asparagi al vapore.
Distribuite gli asparagi nei piatti, unite il pollo e i gamberi, irrorate con il latte di cocco speziato e servite.

Contiene 1 porzione di alimenti tollerati a persona.

Dessert

Gelato al muesli

- **ATTACCO**
- **CROCIERA**
- **CONSOLIDAMENTO**
- **STABILIZZAZIONE**

- **Per 2 persone**
- **Tempo di preparazione**
  15 minuti
- **Tempo di cottura**
  15 minuti
- **Tempo di congelamento**
  4 ore
- **Ingredienti**
  > 1/4 di litro di latte scremato
  > 1/2 baccello di vaniglia
  > 4 cucchiai di crusca d'avena
  > 3 cucchiai di edulcorante in polvere (resistente alla cottura)
  > 1 uovo
  > 2 vasetti di formaggio spalmabile (allo 0,2% di grassi)
  > 20 gocce di aroma d'arancia

In una casseruola portate il latte a ebollizione con la vaniglia. A fuoco spento aggiungete la crusca d'avena e 1 cucchiaio di edulcorante in polvere. Mescolate bene. Rimettete la casseruola sul fuoco e cuocete per alcuni minuti a fuoco dolce. Incorporate l'uovo sbattuto, mescolate e spegnete il fuoco.
In una terrina capiente amalgamate il formaggio con i restanti 2 cucchiai di edulcorante e l'aroma d'arancia. Aggiungete il composto di latte, avena e uovo e mescolate.
Versate in due ciotole e lasciate raffreddare a temperatura ambiente per 30 minuti.
Trasferite le ciotole in congelatore per 4 ore, mescolando ogni 30 minuti per evitare la formazione di cristalli di ghiaccio.

Soufflé ghiacciato al cioccolato

- **CROCIERA PV**
- **CONSOLIDAMENTO ESCLUSO IL GIOVEDÌ PP**
- **STABILIZZAZIONE ESCLUSO IL GIOVEDÌ PP**

- **Per 8 persone**
- **Tempo di preparazione**
  15 minuti
- **Tempo di cottura**
  5 minuti
- **Tempo di congelamento**
  8 ore
- **Ingredienti**
  > 8 cucchiai di cacao in polvere (sgrassato)
  > 1 cucchiaino di aroma di caffè (oppure di caffè forte non zuccherato)
  > 1 cucchiaino di aroma al cioccolato fondente
  > 2 uova
  > 3 fogli di colla di pesce
  > 1 pizzico di sale
  > 10 cucchiai di formaggio magro (allo 0-5% di grassi)
  > 4 cucchiai di dolcificante in polvere (resistente alla cottura)

In una casseruola mescolate il cacao con 100 ml di acqua, unite l'aroma di caffè e quello di cioccolato fondente e lasciate intiepidire a fuoco dolce. A fuoco spento aggiungete i tuorli e la colla di pesce precedentemente ammollata in acqua fredda.
Montate gli albumi a neve con un pizzico di sale.
Amalgamate il formaggio con il dolcificante, unite il composto di cacao e tuorli e mescolate bene. Incorporate delicatamente gli albumi montati a neve e versate in un un bicchiere. Mettete in congelatore per 8 ore.
Togliete dal congelatore 10 minuti prima di servire.

Contiene 1 porzione di alimenti tollerati a persona.

Mousse leggera al pistacchio

- ATTACCO
- CROCIERA
- CONSOLIDAMENTO
- STABILIZZAZIONE

- **Per 8-10 bicchieri**
- **Tempo di preparazione**
  15 minuti
- **Tempo di cottura**
  10 minuti
- **Tempo di riposo in frigorifero**
  4 ore
- **Ingredienti**
  > 3 fogli di colla di pesce
  > 2-3 cucchiai di edulcorante in polvere (resistente alla cottura)
  > 2 cucchiaini di aroma di pistacchio
  > 5 gocce di colorante verde per alimenti (facoltativo)
  > 4 albumi
  > 1 pizzico di sale
  > 400 g di formaggio magro (allo 0-5% di grassi)

Ammollate la colla di pesce in acqua fredda per 5 minuti.
In una casseruola stemperate il dolcificante in 4 cucchiai d'acqua.
Portate a ebollizione e lasciate cuocere per 2 minuti. Aggiungete l'aroma di pistacchio, la colla di pesce strizzata e il colorante per alimenti.
Mescolate e spegnete il fuoco.
In una terrina montate gli albumi a neve con un pizzico di sale.
Aggiungete lentamente lo sciroppo all'aroma di pistacchio mescolando con una frusta. Incorporate delicatamente il formaggio.
Versate in 8-10 bicchieri e trasferite in frigorifero per 4 ore.

Crema al tofu e cacao

- **CROCIERA PV**
- **CONSOLIDAMENTO ESCLUSO IL GIOVEDÌ PP**
- **STABILIZZAZIONE ESCLUSO IL GIOVEDÌ PP**

- **Per 6-8 bicchieri**
- **Tempo di preparazione**
  5 minuti
- **Tempo di riposo in frigorifero**
  60 minuti
- **Ingredienti**
  > 200 g di tofu vellutato (morbido)
  > 4 cucchiai di formaggio magro (allo 0-5% di grassi)
  > 2 vasetti di yogurt naturale magro alla vaniglia (allo 0% di grassi)
  > 3 cucchiaini di cacao magro
  > 2 cucchiai di dolcificante in polvere

Mettete nel mixer il tofu, il formaggio, lo yogurt, il cacao e il dolcificante e frullate fino a ottenere un composto soffice e omogeneo.
Versate nei bicchieri e refrigerate per un'ora.

Contiene 1/2 porzione di alimenti tollerati a persona.

Composta di rabarbaro

- CROCIERA PV
- CONSOLIDAMENTO ESCLUSO IL GIOVEDÌ PP
- STABILIZZAZIONE ESCLUSO IL GIOVEDÌ PP

- **Per 6 persone**
- **Tempo di preparazione**
  10 minuti
- **Tempo di riposo**
  15 minuti
- **Tempo di cottura**
  30 minuti
- **Ingredienti**
  > 1 kg di rabarbaro
  > 6 cucchiai di dolcificante in polvere (resistente alla cottura)
  > 20 gocce di aroma di vaniglia o di altro aroma a piacere (iniziando con 10 gocce e aumentando la quantità se necessario)

Lavate e pulite il rabarbaro e tagliatelo a pezzetti di 1-2 cm.
Mettetelo in una casseruola con il dolcificante, mescolate e lasciate riposare per 10-15 minuti.
Quando il rabarbaro avrà rilasciato una parte del suo liquido, cuocete a fuoco dolce, sempre mescolando, per 30 minuti. Aggiungete l'aroma di vaniglia a fine cottura.
Lasciate raffreddare e frullate. Trasferite nei vasetti e conservate in frigorifero.

Torta farcita con crema fredda

- **CROCIERA**
- **CONSOLIDAMENTO ESCLUSO IL GIOVEDÌ PP**
- **STABILIZZAZIONE ESCLUSO IL GIOVEDÌ PP**

- **Per 6 persone**
- **Tempo di preparazione**
  25 minuti
- **Tempo di cottura**
  30 minuti
- **Tempo di riposo in frigorifero**
  1 ora e 30 minuti
- **Ingredienti**
  > 2 fogli di colla di pesce
  > 1/2 litro di latte scremato
  > 1 baccello di vaniglia
  > 3 uova
  > 2 cucchiai di dolcificante in polvere (resistente alla cottura)
  > 2 cucchiai di amido di mais
  > 1 cucchiaio di aroma di rum
  > 6 g di gelatina in polvere
  > 1 pizzico di sale

  Per la torta
  > 3 cucchiai di crusca d'avena
  > 1 cucchiaio di amido di mais
  > latte scremato in polvere
  > 2 uova
  > 1 vasetto di yogurt naturale magro
  > 125 g di formaggio spalmabile (allo 0,2% di grassi)
  > 1/2 bustina di lievito istantaneo
  > 2 cucchiai di dolcificante in polvere (resistente alla cottura)
  > aroma di fiori d'arancio

Preriscaldate il forno a 180 °C.

Preparate la torta: amalgamate la crusca d'avena, l'amido di mais, 1 cucchiaio di latte scremato in polvere, 1 vasetto di yogurt naturale magro (0% di grassi), un vasetto di formaggio magro cremoso (potete usare anche ricotta magra allo 0-5% di grassi), il lievito, il dolcificante in polvere e 1/2 cucchiaio di aroma di fiori d'arancio. Versate il composto ottenuto in una tortiera di silicone. Cuocete in forno per 20 minuti. Lasciate raffreddare.

Mettete i fogli di gelatina in ammollo in acqua fredda.

Versate il latte in una casseruola e portatelo a ebollizione con il baccello di vaniglia inciso per il lungo.

Nel frattempo, in una terrina, sbattete i tuorli con il dolcificante, l'amido di mais e l'aroma di rum. Tenete gli albumi da parte.

A fuoco spento unite al latte i fogli di gelatina strizzati. Versate nel composto di tuorli e mescolate bene. Rimettete sul fuoco e cuocete a fuoco dolce sempre mescolando. Togliete dal fuoco prima dell'ebollizione e lasciate raffreddare.

Tagliate la torta in due strati.

Montate gli albumi a neve con un pizzico di sale e unite la gelatina in polvere diluita in poca acqua. Incorporate con delicatezza gli albumi alla crema di latte e tuorli e refrigerate per 1 ora e 30 minuti.

Farcite la torta con la crema e servite.

Contiene 1/2 porzione di alimenti tollerati a persona.

Pan di spezie

- ATTACCO
- CROCIERA
- CONSOLIDAMENTO
- STABILIZZAZIONE

- **Per 6-8 persone**
- **Tempo di preparazione**
  10 minuti
- **Tempo di cottura**
  45 minuti
- **Ingredienti**
  > 8 cucchiai di crusca d'avena
  > 4 cucchiai di crusca di frumento
  > 2 cucchiai di latte scremato in polvere
  > 1 bustina di lievito istantaneo
  > 6 cucchiai di formaggio magro (allo 0-5% di grassi)
  > 3 uova intere + 3 albumi
  > 2 cucchiai di spezie miste (cannella, anice, noce moscata, zenzero, chiodi di garofano) per pan di spezie
  > 2 cucchiai di dolcificante liquido (resistente alla cottura)

Preriscaldate il forno a 180 °C.

In una terrina mescolate i due tipi di crusca, il latte in polvere e il lievito. Aggiungete il formaggio e amalgamate bene. Unite le uova intere e gli albumi e mescolate fino a ottenere un composto omogeneo. Incorporate le spezie e il dolcificante e versate in uno stampo rettangolare rivestito con carta da forno.

Infornate per 45 minuti.

Per verificare il grado di cottura, infilate nel pane la punta di un coltello: deve risultare asciutta.

Crema al formaggio

- **CROCIERA**
- **CONSOLIDAMENTO ESCLUSO IL GIOVEDÌ PP**
- **STABILIZZAZIONE ESCLUSO IL GIOVEDÌ PP**

- **Per 6 persone**
- **Tempo di preparazione**
  20 minuti
- **Tempo di cottura**
  30 minuti
- **Tempo di riposo in frigorifero**
  5 ore
- **Ingredienti**
  > 6 fogli di colla di pesce
  > 1 litro di latte scremato
  > la scorza di 2 mandarini non trattati
  > 1 cucchiaino di cannella in polvere
  > 2 baccelli di vaniglia
  > 4 tuorli
  > 4 cucchiai di dolcificante in polvere (resistente alla cottura)
  > 200 g di formaggio spalmabile (allo 0,2% di grassi)
  > 6 cucchiai facoltativi di latticello (allo 0,8% di grassi)
  > 1 cucchiaio di aroma al mandarino
  > 1 cucchiaio di aroma di arancia

Mettete i fogli di colla di pesce in ammollo in acqua fredda.
In una casseruola mettete il latte, le scorze grattugiate dei mandarini, la cannella e i baccelli di vaniglia. Portate a ebollizione, spegnete la fiamma e lasciate riposare per 20 minuti a recipiente coperto.
In una terrina capiente sbattete i tuorli con il dolcificante, il formaggio, la crema di latte e gli aromi di mandarino e arancia.
Con l'aiuto di un colino versate lentamente il latte caldo sul composto di uova mescolando energicamente con una frusta. Trasferite in una casseruola e senza mai smettere di mescolare cuocete a fuoco dolce fino a quando la crema coprirà la frusta.
A fuoco spento incorporate la gelatina e lasciate raffreddare a temperatura ambiente. Versate nelle ciotole e mettete in frigorifero per 5 ore.
A piacere potete utilizzare l'aroma di pistacchio e la scorza grattugiata di 1 limone.

Contiene 1 porzione di alimenti tollerati a persona.

Mousse al limone

- **CROCIERA PV**
- **CONSOLIDAMENTO ESCLUSO IL GIOVEDÌ PP**
- **STABILIZZAZIONE ESCLUSO IL GIOVEDÌ PP**

- **Per 6 persone**
- **Tempo di preparazione**
  15 minuti
- **Tempo di cottura**
  20 minuti
- **Tempo di riposo in frigorifero**
  30 minuti
- **Ingredienti**
  > 3 limoni non trattati
  > 3 uova
  > 3 cucchiai di dolcificante in polvere (resistente alla cottura)
  > 3 cucchiai di amido di mais
  > 500 ml di latte scremato

Grattugiate la scorza di un limone. Spremete i tre limoni.
Mettete la scorza e il succo di limone in una casseruola. Aggiungete i tuorli e il dolcificante. Mescolate bene e incorporate nel composto l'amido di mais. Amalgamate e cuocete a fuoco dolce, mescolando con una frusta, fino a quando la crema inizierà ad addensare. Versate lentamente il latte senza mai smettere di mescolare e proseguite la cottura per alcuni minuti. Spegnete la fiamma e lasciate intiepidire. Montate gli albumi a neve ben ferma. Incorporateli delicatamente alla crema. Versate in 6 bicchieri e refrigerate per 30 minuti prima di servire.

Contiene 1/2 porzione di alimenti tollerati a persona.

Rotolini al Grand Marnier

- **CROCIERA**
- **CONSOLIDAMENTO ESCLUSO IL GIOVEDÌ PP**
- **STABILIZZAZIONE ESCLUSO IL GIOVEDÌ PP**

- **Per 6 persone**
- **Tempo di preparazione**
  15 minuti
- **Tempo di cottura**
  25 minuti
- **Tempo di riposo in frigorifero**
  2 ore
- **Ingredienti**
  > 3 uova
  > 3 cucchiai di crusca d'avena
  > 1 cucchiaio di latte scremato in polvere
  > 250 g di formaggio spalmabile (allo 0,2% di grassi) oppure di ricotta magra (allo 0-5% di grassi)
  > 2 cucchiai di amido di mais
  > 1/2 bustina di lievito in polvere
  > 1 cucchiaino di vanillina
  > 2 cucchiai di dolcificante in polvere (resistente alla cottura)
  > Cacao magro q.b. (facoltativo)

  Per la crema
  > 2 fogli di colla di pesce
  > 1/4 di litro di latte scremato
  > 2 tuorli
  > 1 cucchiaio di dolcificante in polvere (resistente alla cottura)
  > 1 cucchiaio di amido di mais
  > 1 cucchiaino di Grand Marnier

Mettete in ammollo la colla di pesce in acqua fredda per 5 minuti.
Portate il latte a ebollizione.
In una terrina sbattete i tuorli, il dolcificante, l'amido di mais e il Grand Marnier e amalgamate bene.
Spegnete il fuoco e unite la gelatina al latte. Mescolate bene.
Versate lentamente il latte nel composto di uova e sbattete con una frusta. Mettete in una casseruola e cuocete a fuoco dolce fino a quando la crema si sarà addensata. Lasciate raffreddare a temperatura ambiente e poi trasferite in frigorifero per 2 ore.
Nel frattempo preparate l'impasto.
Preriscaldate il forno a 160 °C.
Separate i tuorli dagli albumi. Amalgamate i tuorli con la crusca d'avena, il latte, il formaggio, l'amido di mais, il lievito, la vanillina e il dolcificante e sbattete energicamente con una frusta. Incorporate con delicatezza gli albumi montati a neve. Versate in una teglia rettangolare al silicone (oppure rivestita con carta da forno) e infornate. Lasciate cuocere fino a quando la superficie risulterà leggermente dorata. Mettete il dolce sopra un telo da cucina inumidito e arrotolate. Lasciate raffreddare.
Srotolate e farcite con la crema. Arrotolate di nuovo delicatamente.
Prima di servire, tagliate 6 fette e spolverate, se volete, con il cacao magro.

Contiene 1/2 porzione di alimenti tollerati a persona.

Mousse ai due limoni

- CROCIERA
- CONSOLIDAMENTO ESCLUSO IL GIOVEDÌ PP
- STABILIZZAZIONE ESCLUSO IL GIOVEDÌ PP

- **Per 6 persone**
- **Tempo di preparazione**
  25 minuti
- **Tempo di cottura**
  35 minuti
- **Tempo di riposo in frigorifero**
  2 ore e 30 minuti
- **Ingredienti**
  > 4 cucchiai di dolcificante in polvere (resistente alla cottura)
  > 1 limone non trattato
  > 1 limone verde non trattato

  Per la mousse
  > 2 limoni non trattati
  > 2 fogli di colla di pesce
  > 4 uova
  > 3 cucchiai di dolcificante in polvere (resistente alla cottura)
  > 150 ml di latte scremato
  > 1 pizzico di sale
  > 6 meringhe Dukan (facoltative)

Mescolate il dolcificante con 50 ml di acqua. Cuocete per pochi minuti a fuoco dolce.
Nel frattempo tagliate il limone giallo e il limone verde a fettine sottili ed eliminate i semi. Tagliate le fettine in 4 parti e cuocete con lo sciroppo per 20 minuti. Lasciate raffreddare e sgocciolatele. Tenete da parte alcuni pezzetti di limone per la decorazione e 2 cucchiai di sciroppo.
Grattugiate la scorza degli altri 2 limoni e tenete da parte.
Spremete il succo e tenete da parte.
Ammollate la gelatina in acqua fredda.
Preparate la crema: sbattete 2 uova intere e 2 tuorli con il dolcificante. Tenete i 2 albumi rimanenti da parte. Unite la scorza e il succo di limone e versate in una casseruola. Cuocete a fuoco dolce per alcuni minuti sempre mescolando. Unite il latte lentamente e proseguite la cottura per qualche minuto. A fuoco spento aggiungete la gelatina e amalgamate bene.
Montate gli albumi a neve con un pizzico di sale. Dolcificate con i 2 cucchiai di sciroppo e con delicatezza incorporate gli albumi alla crema di uova e latte.
Sbriciolate le meringhe e distribuitele sul fondo dei bicchieri, versate la mousse e decorate con i pezzetti di limone. Trasferite i bicchieri in frigorifero per almeno 2 ore e 30 minuti prima di servire.

Crème brûlée alla vaniglia e nocciola con fragole

- **CONSOLIDAMENTO ESCLUSO IL GIOVEDÌ PP**
- **STABILIZZAZIONE ESCLUSO IL GIOVEDÌ PP**

- **Per 6 persone**
- **Tempo di preparazione**
  15 minuti
- **Tempo di cottura**
  40 minuti
- **Tempo di riposo in frigorifero**
  1 ora
- **Ingredienti**
  > 500 ml di latte scremato
  > 1 baccello di vaniglia
  > 4 tuorli
  > 6 cucchiai di dolcificante in polvere (resistente alla cottura)
  > 1/2 cucchiaino di aroma di nocciole tostate
  > 12 fragole
  > 6 cucchiai di crema di latte (al 5% di grassi) o latticello (allo 0,8% di grassi)

Mettete in una casseruola il latte con il baccello di vaniglia tagliato a metà per la lunghezza e portate a ebollizione. Spegnete il fuoco, coprite con un coperchio e lasciate riposare per 5-10 minuti. Eliminate il baccello e tenete da parte.
Preriscaldate il grill del forno a 180 °C.
In una terrina sbattete i tuorli con il dolcificante e l'aroma di nocciole tostate.
Lavate le fragole e tagliatele a pezzetti. Distribuitele in 6 coppette da forno.
Unite lentamente il latte nei tuorli sbattuti, aggiungete la crema di latte e amalgamate bene. Versate nelle coppette e infornate per 30 minuti. Lasciate raffreddare a temperatura ambiente. Trasferite in frigorifero per 1 ora prima di servire.

Contiene 1 porzione di alimenti tollerati a persona.

Ananas con crema inglese gelata

- **CONSOLIDAMENTO ESCLUSO IL GIOVEDÌ PP**
- **STABILIZZAZIONE ESCLUSO IL GIOVEDÌ PP**

- **Per 2 persone**
- **Tempo di preparazione**
  15 minuti
- **Tempo di cottura**
  20 minuti
- **Tempo di congelamento**
  3 ore
- **Ingredienti**
  > 200 ml di latte scremato
  > 1 baccello di vaniglia
  > 3 tuorli
  > 3 cucchiai di dolcificante in polvere (resistente alla cottura)
  > 20 gocce di aroma di rum
  > 2 fette spesse di ananas

In una casseruola mettete il latte con il baccello di vaniglia tagliato a metà per la lunghezza e portate a ebollizione.
In una terrina sbattete i tuorli con il dolcificante e l'aroma di rum. Versate il latte caldo e mescolate energicamente. Trasferite sul fuoco e cuocete a fiamma dolce sempre mescolando con una frusta o un cucchiaio di legno. Lasciate addensare la crema. Versate in 2 bicchieri e fate raffreddare a temperatura ambiente. Trasferite in congelatore per 3 ore.
Prima di servire, tagliate le fette di ananas a spicchi e accompagnate con la crema gelata.

Clafoutis di albicocche al pistacchio

- **CONSOLIDAMENTO ESCLUSO IL GIOVEDÌ PP**
- **STABILIZZAZIONE ESCLUSO IL GIOVEDÌ PP**

- **Per 6 persone**
- **Tempo di preparazione**
  10 minuti
- **Tempo di cottura**
  45 minuti
- **Ingredienti**
  > 4 uova
  > 30 g di farina integrale
  > 400 ml di latte scremato
  > 3 cucchiai di dolcificante in polvere (resistente alla cottura)
  > 1 cucchiaino di lievito istantaneo
  > 2 cucchiai di aroma di pistacchio
  > 14 albicocche denocciolate e divise a metà

Preriscaldate il forno a 180 °C.

In una terrina capiente sbattete le uova con una frusta fino a renderle spumose, incorporate lentamente la farina, il latte, il dolcificante, il lievito e l'aroma di pistacchio.

Disponete le albicocche in 6 coppette da forno e versate la crema.

Infornate e cuocete per 45 minuti (tenendo d'occhio la cottura).

Lasciate intiepidire prima di servire.

Composta alle spezie

- **CONSOLIDAMENTO ESCLUSO IL GIOVEDÌ PP**
- **STABILIZZAZIONE ESCLUSO IL GIOVEDÌ PP**

- **Per 4 persone**
- **Tempo di preparazione**
  25 minuti
- **Tempo di cottura**
  30 minuti
- **Ingredienti**
  > 1 arancia
  > 4 mele
  > 1 bastoncino di cannella
  > 1 chiodo di garofano
  > 3 cucchiai di crusca d'avena
  > 2 semi interi di cardamomo

Sbucciate l'arancia e dividetela in spicchi.
Sbucciate le mele e tagliatele a dadini.
In una padella antiaderente scaldate a fuoco dolce le spezie con la crusca d'avena, unite la frutta fresca e mescolate.
Cuocete a recipiente coperto e a fuoco medio fino a quando il liquido di cottura sarà completamente assorbito.

Panna cotta alla vaniglia con aceto balsamico e lamponi

- **CONSOLIDAMENTO ESCLUSO IL GIOVEDÌ PP**
- **STABILIZZAZIONE ESCLUSO IL GIOVEDÌ PP**

- **Per 4 persone**
- **Tempo di preparazione**
  15 minuti
- **Tempo di cottura**
  20 minuti
- **Tempo di riposo in frigorifero**
  8 ore
- **Ingredienti**
  > 4 fogli di colla di pesce
  > 500 ml di latte scremato
  > 2 baccelli di vaniglia
  > 4 tuorli
  > 4 cucchiai di dolcificante in polvere (resistente alla cottura)
  > 4 cucchiai di panna (all'11% di grassi)
  > Aceto balsamico q.b.
  > 20 lamponi

Mettete in ammollo la gelatina in acqua fredda per 5 minuti.
In una casseruola portate il latte a ebollizione con i baccelli di vaniglia tagliati a metà per la lunghezza.
Sbattete i tuorli con 2 cucchiai di edulcorante fino a renderli spumosi.
Eliminate i baccelli di vaniglia e unite lentamente il latte sempre mescolando.
Trasferite il composto nella casseruola e cuocete a fuoco dolce senza mai smettere di mescolare (con un cucchiaio di legno o una frusta) fino a quando la crema velerà il cucchiaio.
A fuoco spento incorporate la gelatina e lasciate raffreddare a temperatura ambiente.
Montate leggermente la panna con i restanti 2 cucchiai di dolcificante e unitela alla crema di uova e latte. Versate in 4 coppette e lasciate raffreddare a temperatura ambiente prima di trasferire per 8 ore in frigorifero.
Prima di servire, capovolgete le coppette in un piattino da dessert e decorate con alcune gocce di aceto balsamico e i lamponi.
Se non riuscite a staccare la panna cotta dalle coppette, fate entrare un po' d'aria sollevando con delicatezza il dolce con la punta di un coltello.

Contiene 1 porzione di alimenti tollerati a persona.

Dessert di soia con polpa di fragole

- **CONSOLIDAMENTO ESCLUSO IL GIOVEDÌ PP**
- **STABILIZZAZIONE ESCLUSO IL GIOVEDÌ PP**

- **Per 2 persone**
- **Tempo di preparazione**
  10 minuti
- **Tempo di riposo in frigorifero**
  10 minuti
- **Ingredienti**
  > 100 g di fragole
  > 1/2 limone
  > Dolcificante a piacere
  > 2 vasetti di yogurt di soia alla vaniglia, oppure di yogurt di soia naturale con dolcificante aromatizzato alla vaniglia

Pulite le fragole e mettetele nel mixer. Frullatele con il succo di 1/2 limone e il dolcificante.
Trasferite in frigorifero per 10 minuti.
Versate un po' di polpa di fragole sul fondo di due bicchieri, aggiungete lo yogurt di soia e completate con la polpa di fragole.

Confettura di albicocche

- **CONSOLIDAMENTO ESCLUSO IL GIOVEDÌ PP**
- **STABILIZZAZIONE ESCLUSO IL GIOVEDÌ PP**

- **Per 1 vasetto**
- **Tempo di preparazione**
  15 minuti
- **Tempo di cottura**
  15 minuti
- **Ingredienti**
  > 300 g di albicocche ben mature
  > 4 cucchiai di dolcificante in polvere (resistente alla cottura)
  > 1 pizzico di cannella in polvere
  > 1/2 cucchiaino di agar-agar in polvere

Lavate le albicocche e tagliatele a pezzetti.
Trasferitele in una casseruola con il dolcificante e la cannella e cuocete a fiamma media, sempre mescolando, fino a quando il liquido di cottura inizierà a sobbollire. Abbassate il fuoco e cuocete per 5 minuti.
Aggiungete l'agar-agar e cuocete per 1 minuto a fuoco dolce mescolando bene.
Schiacciate le albicocche con una forchetta e amalgamate.
Trasferite la confettura in un barattolo di vetro, coprite con pellicola da cucina e fermate con un elastico, infine chiudete con un coperchio.

Isola galleggiante al caffè

- **CROCIERA**
- **CONSOLIDAMENTO ESCLUSO IL GIOVEDÌ PP**
- **STABILIZZAZIONE ESCLUSO IL GIOVEDÌ PP**

- **Per 4 persone**
- **Tempo di preparazione**
  15 minuti
- **Tempo di cottura**
  20 minuti
- **Tempo di riposo in frigorifero**
  1 ora
- **Ingredienti**
  > 380 ml di latte parzialmente scremato, concentrato, non zuccherato, (fino al 5% di grassi)
  > 100 ml di latte scremato
  > 1 baccello di vaniglia oppure 1 cucchiaino di vanillina
  > 4 uova
  > 1 cucchiaino di aroma di caffè
  > 4 cucchiai di dolcificante in polvere (resistente alla cottura)
  > 2 cucchiai di amido di mais

In una casseruola portate i due tipi di latte a ebollizione con il baccello di vaniglia tagliato a metà per la lunghezza.
Separate i tuorli dagli albumi. Montate questi ultimi a neve con l'aroma di caffè e 2 cucchiai di dolcificante.
Con l'aiuto di un cucchiaio formate 4 palline ovali e cuocetele nel microonde per 1 minuto a potenza 800-900 W (oppure scottatele, una alla volta, per qualche minuto in acqua a leggera ebollizione).
Adagiatele con delicatezza sopra un telo da cucina e lasciate raffreddare a temperatura ambiente.
Sbattete con una frusta i tuorli con i restanti 2 cucchiai di dolcificante e l'amido di mais, fino a ottenere un composto liscio e omogeneo.
Versate lentamente il latte caldo e amalgamate. Trasferite nella casseruola e cuocete a fuoco dolce, sempre mescolando, fino a quando la crema velerà il cucchiaio. Lasciate raffreddare a temperatura ambiente e trasferite per 1 ora in frigorifero.
Versate la crema nelle coppette e adagiatevi l'ovale di albume.
Servite subito.

Contiene 1/2 porzione di alimenti tollerati a persona.

Mele a sorpresa aromatizzate alla cannella

- **CONSOLIDAMENTO ESCLUSO IL GIOVEDÌ PP**
- **STABILIZZAZIONE ESCLUSO IL GIOVEDÌ PP**

- **Per 4 persone**
- **Tempo di preparazione**
  15 minuti
- **Tempo di cottura**
  25 minuti
- **Ingredienti**
  > 4 mele golden
  > 1 uovo
  > 200 g di formaggio spalmabile (allo 0,2% di grassi)
  > 2 cucchiai di dolcificante in polvere (resistente alla cottura)
  > 1 cucchiaino di cannella in polvere
  > 1 cucchiaino di estratto di vaniglia (liquido)

Preriscaldate il forno a 180 °C.

Tagliate la calotta di ogni mela e tenetela da parte. Eliminate il torsolo e scavate un po' la polpa (per poter utilizzare le mele come contenitori).

In una terrina amalgamate l'uovo sbattuto al formaggio, unite il dolcificante, la cannella e l'estratto di vaniglia e mescolate bene.

Farcite le mele con questo composto, coprite con la calotta (tenuta da parte) e avvolgete ogni mela in un foglio di alluminio oppure di carta da forno bagnato e strizzato.

Adagiatele sulla placca del forno e cuocete per 25 minuti.

Servite le mele tiepide.

Indice delle ricette

Antipasti e stuzzichini

Aspic di uova all'aragosta con salmone affumicato 154
Bicchierini di mousse di prosciutto e crema di pomodoro 168
Bocconcini al salmone affumicato 156
Bocconcini di cetriolo alle uova di lompo 160
Capesante stufate con spuma alla vaniglia 164
Cetriolo con cuore di salmone affumicato 172
Cocktail fresco di bresaola 178
Coppette fresche 170
Fagottino di salmone affumicato con cozze e formaggio magro 148
Gamberi in salsa al curry e pomodorini 152
Gamberoni in salsa alla vaniglia 144
Millefoglie di cetrioli e salmone 150
Mousse leggera di porri con salsa di pomodoro 164
Mousse leggera di salmone e broccoli 158
Plumcake alla zucca 180
Tofu tandoori 176
Torta di verdure 162
Uova strapazzate con crema chantilly e uova di salmone 142
Zuppa di Halloween 166
Zuppa di peperoni allo zenzero 174

Portate principali

Capesante alla normanna 218
Cavolo bianco ai frutti di mare 186
Cheeseburger al curry 206
Chili con carne al tofu 208
Coniglio alla senape con indivia stufata 194
Cozze all'orientale 196
Filetti di triglia al basilico 216
Flan di carote 200
Gamberetti e pollo in salsa di cocco speziato 222
Lasagne di melanzane al tofu 210
Manzo ai peperoni 212
Medaglioni di sogliola e salmone 192
Merluzzo gratinato ai funghi 188
Omelette alla menta e curry 184
Pizza Dukan al tonno 76
Pollo al curry con verdure 214
Pollo al latte di cocco con fagiolini e tofu 220
Quiche ai funghi e tofu 202
Shirataki di Konjac al ragù alla bolognese 122
Vitello con finocchi e carote 198
Vongole mediterranee 190
Zucca ripiena con ragù di carne 204

Dessert

Ananas con crema inglese gelata 250
Bavarese di formaggio fresco alla vaniglia 51
Cheesecake Dukan 76
Clafoutis di albicocche al pistacchio 252
Crema al formaggio 240
Crema al tofu e cacao 232
Crema spalmabile Dukan 102
Crème brûlée alla vaniglia e nocciola con fragole 248
Crêpe (o galletta) alla crusca d'avena 44
Composta alle spezie 254
Composta di rabarbaro 234
Confettura di albicocche 260
Dessert di soia con polpa di fragole 258
Gelato al muesli 226
Isola galleggiante al caffè 262
Mele a sorpresa aromatizzate alla cannella 264
Mousse ai due limoni 246
Mousse al limone 242
Mousse leggera al pistacchio 230
Pan di spezie 238
Panna cotta alla vaniglia con aceto balsamico e lamponi 256
Rotolini al Grand Marnier 244
Soufflé ghiacciato al cioccolato 228
Torta farcita con crema fredda 236
Uova di neve 50

Varie

Besciamella Dukan 102
Maionese Dukan 43
Pane Dukan 103
Salsa allo yogurt o al formaggio fresco 71
Salsa Maya 70, 71

Bibliografia

Pierre Dukan, *La dieta Dukan*, Sperling & Kupfer, Milano 2011.
–, *Le ricette della dieta Dukan: 350 ricette per dimagrire senza soffrire*, Sperling & Kupfer, Milano 2011.
–, *La pâtisserie Dukan*, J'ai lu, Parigi 2011.
–, *L'intégrale des recettes illustrées Dukan pour réussir la méthode*, Flammarion, Parigi 2011.
–, *Mon secret minceur et santé*, J'ai lu, Parigi 2009.
–, *Les hommes préfèrent les rondes: garder la forme en gardant ses formes*, J'ai lu, Parigi 2008.
–, *Evaluator: 1140 aliments évalués*, Le Cherche Midi, Parigi 2007.
–, *Dictionnaire de dietetique et de nutrition*, LGF, Parigi 2002.
–, *Pour en finir avec la cellulite*, Grancher, Parigi 1992.
–, *Maigrir et rester mince*, Belfond, Parigi 1987.
–, *L'après maigrir*, Belfond, Parigi 1985.
–, *Maigrir, l'arme absolue*, Belfond, Parigi 1983.

Ringraziamenti

Il mio grazie va a tutti coloro che mi hanno aiutato, nel corso della mia vita, a costruire questo metodo. Primi fra tutti i miei lettori e pazienti che, in forma anonima e volontaria, si sono fatti portavoce della dieta Dukan perché altri la conoscessero. Tra loro, ringrazio una delle persone più straordinarie, tanto talentuosa quanto competente e a dir poco modesta: Carole Kitzinger, senza la quale questo libro non avrebbe mai visto la luce.
E visto che siamo al momento dei ringraziamenti, vorrei fare il nome di Vahinée, che sa che il mio metodo può essere migliore di me. Grazie anche in modo particolare a Laura, che mi supporta ogni giorno da molti anni.
Nathalie, Christine, Laetitia, Camelia e Isabelle: nomi per voi, stelle per me.

Si ringraziano Sioux Berger e Alice Leroy.

Siti Internet
www.dietadukan.it
www.lamiaboutiquedietadukan.it
www.pierredukan.com